I0012785

Xarxes de Computadors
CONCEPTES BÀSICS

Llorenç Cerdà Alabern

UPC Edicions UPC
UNIVERSITAT POLITÈCNICA DE CATALUNYA

Primera edició: octubre de 2007
Reimpressió: juliol de 2009

Disseny de la coberta: Ernest Castelltort

©   Llorenç Cerdà, 2007

©   Edicions UPC, 2007
       Edicions de la Universitat Politècnica de Catalunya, SL
       Jordi Girona Salgado 1-3, 08034 Barcelona
       Tel.: 934 137 540   Fax: 934 137 541
       Edicions Virtuals: www.edicionsupc.es
       E-mail: edicions-upc@upc.edu

Producció: LIGHTNING SOURCE

Dipòsit legal: B-47446-2007
ISBN: 978-84-8301-934-4

Qualsevol forma de reproducció, distribució, comunicació pública o transformació d'aquesta obra
només es pot fer amb l'autorització dels seus titulars, llevat de l'excepció prevista a la llei. Si neces-
siteu fotocopiar o escanejar algun fragment d'aquesta obra, us he d'adreçar al Centre Espanyol de
Drets Reprogràfics (CEDRO), <http://www.cedro.org>.

Índex

Prefaci i agraïments   **v**

1 Introducció   **1**
   1.1 Evolució d'Internet   1
   1.2 Organització d'Internet   1
   1.3 Xarxa de paquets   3
   1.4 Organismes d'estandardització   5
   1.5 Model de referència OSI de ISO   5
      1.5.1 Arquitectura TCP/IP   6
      1.5.2 Encapsulament de l'informació   7
   1.6 Paradigma client-servidor   7

2 Xarxes IP   **9**
   2.1 Capçalera IP – RFC 791 [19] 10
      2.1.1 Fragmentació 11
      2.1.2 MTU Path Discovery – RFC 1191 [31] 12
   2.2 Adreces IP 13
      2.2.1 Adreces Privades – RFC 1918 [40] 15
   2.3 Subnetting – RFC 950 [24] 15
      2.3.1 Màscares variables 16
      2.3.2 Classless Inter-Domain Routing (CIDR) – RFC 1519 [33] . . . 16
   2.4 Taules d'encaminament i algorisme de lliurament de datagrames 17
   2.5 Address Resolution Protocol (ARP) – RFC 826 [22] 18
      2.5.1 Funcionament del mecanisme de resolució 19
      2.5.2 Format dels missatges ARP 20
      2.5.3 Proxy ARP 21
      2.5.4 Gratuitous ARP 21
   2.6 Internet Control Message Protocol (ICMP) – RFC 792 [20] 22
   2.7 Dynamic Host Configuration Protocol (DHCP) – RFC 2131 [44] 23
   2.8 Network Address Translation (NAT) – RFC 1631 [35], RFC 2663 [52], 3022 [54] 24
      2.8.1 PAT 25
      2.8.2 DNAT 26
   2.9 Domain Name System (DNS) – RFC 1034 [26], 1035 [27] 26
      2.9.1 Accés a la base de dades de DNS 28
      2.9.2 Format dels missatges de DNS 29
   2.10 Algorismes d'encaminament 32
      2.10.1 Routing Information Protocol (RIP) – RFC 2453 [49] 32
      2.10.2 Open Shortest Path First (OSPF) – RFC 2328 [47] 35
      2.10.3 Border Gateway Protocol (BGP) – RFC 1771 [38], 1772 [39] 36

2.11   Seguretat en Xarxes IP 37
    2.11.1   Firewalls 38
    2.11.2   Xarxes privades virtuals 39

3   Protocols punt-a-punt, el protocol TCP   **41**
3.1   Protocols ARQ bàsics 41
    3.1.1   Stop and wait 42
        3.1.1.1   Retransmissions amb stop and wait 43
        3.1.1.2   Necessitat dels números de seqüència 43
        3.1.1.3   Eficiència del protocol stop and wait 44
    3.1.2   Protocols de transmissió contínua 45
        3.1.2.1   Go back N 45
        3.1.2.2   Retransmissió selectiva 46
    3.1.3   Eficiència en presència d'errors 47
    3.1.4   Control de flux 49
        3.1.4.1   Protocols de finestra 50
        3.1.4.2   Finestra òptima 51
        3.1.4.3   Dimensionat del camp "número de seqüència" de les PDUs 51
3.2   El nivell de transport d'Internet 52
3.3   El protocol UDP – RFC 768 [18] 53
3.4   El protocol TCP – RFC 793 [21] 54
    3.4.1   Capçalera TCP 56
    3.4.2   Números de seqüència en TCP 58
    3.4.3   Establiment i terminació d'una connexió TCP 59
    3.4.4   Diagrama d'estats de TCP 61
    3.4.5   Control de congestió – RFC 2581 [50] 62
        3.4.5.1   Algorismes Slow Start / Congestion Avoidance . . . 62
        3.4.5.2   Algorismes Fast Retransmit / Fast Recovery 64
    3.4.6   Càlcul del RTO – RFC 2988 [53] 65
Apèndixs 67
3.A   Exemple de programació amb sockets TCP 67
3.B   Exemple de programació amb sockets UDP 68

4   Xarxes d'àrea local   **71**
4.1   Introducció a les LANs 71
4.2   Topologies 72
    4.2.1   LAN en bus 72
    4.2.2   LAN en anell 73
4.3   Arquitectura IEEE d'una LAN 73
    4.3.1   Logical Link Control (LLC) 74
    4.3.2   Medium Access Control (MAC) 74
4.4   Tipus de MAC 75
4.5   Protocols MAC aleatoris 76
    4.5.1   Aloha 76
    4.5.2   Carrier Sense Multiple Access (CSMA) 78
4.6   Ethernet 79
    4.6.1   Trames Ethernet 79
    4.6.2   Protocol MAC Ethernet 81
    4.6.3   Mida mínima d'una trama Ethernet 82
    4.6.4   Funcionament full duplex 85

      4.6.5   Nivell físic Ethernet 85
4.7 Switches Ethernet 88
      4.7.1   Spanning Tree Protocol 90
      4.7.2   Dominis broadcast 91
      4.7.3   Control de flux 91
      4.7.4   Repartició del medi de transmissió 92
      4.7.5   LANs Virtuals 93
4.8 LANs sense fils 94
      4.8.1   Mecanisme CSMA/CA 96
      4.8.2   Trames 802.11 98
      4.8.3   Adreçament 98
Apèndixs 103
4.A Deducció de la fórmula de l'eficiència del protocol Aloha 103
4.B Cable creuat *crossover* UTP 103

5 Transmissió de dades   105
5.1 Introducció 105
5.2 Atenuació 106
      5.2.1   Amplificadors i repetidors 108
5.3 Anàlisi espectral d'un senyal 109
      5.3.1   Descomposició espectral 109
      5.3.2   Dualitat temps-freqüència 111
      5.3.3   Funció de transferència d'un canal de transmissió 112
5.4 Velocitat de modulació 115
5.5 Soroll 117
      5.5.1   Fórmula de Shannon 118
5.6 Codificacions digitals 118
      5.6.1   *Non Return to zero*, NRZ 119
      5.6.2   Manchester 119
      5.6.3   Bipolar o AMI 120
      5.6.4   B8ZS 121
      5.6.5   mBnL 122
5.7 Modulacions digitals 122
5.8 Detecció d'errors 123
      5.8.1   Bit de paritat 127
      5.8.2   Codis de paritat longitudinal i transversal 128
      5.8.3   Codis detectors d'errors CRC 128
Apèndixs 131
5.A Sèrie i transformada de Fourier 131
      5.A.1   Sèrie de Fourier 131
      5.A.2   Integral de Fourier 132
      5.A.3   Senyals aleatoris 133

Llista d'acrònims   135

Índex alfabètic   137

Bibliografia   141

Prefaci i agraïments

Aquesta obra està basada en el material que he explicat en l'assignatura de Xarxes de Computadors de la Facultat d'Informàtica de Barcelona (FIB), en la Universitat Politècnica de Catalunya (UPC). Aquesta és la primera assignatura de xarxes de computadors de la carrera i té l'objectiu d'introduir els conceptes bàsics, emfasitzant els protocols TCP/IP d'Internet.

Per als lectors que desitgin aprofundir en algun tema, he mirat d'incloure referències als RFCs més adients. S'ha de tenir en compte, però, que alguns dels RFCs estan orientats a la descripció detallada dels protocols de cara a l'implementador. Aquests RFCs poden servir més com a manual de consulta d'algun detall d'un protocol, com ara el format d'algun missatge, que com a document d'estudi. Per a una lectura més amena i descriptiva es poden consultar els llibres clàssics de xarxes de computadors, com ara el Stallings [6], Tanenbaum [7], Halsall [1] i altres que han aparegut més recentment, com ara Peterson [4], León-García [3] o Kurose [2]. Si es vol una lectura específica de TCP/IP són recomanables el Comer [9], o l'excel·lent llibre de W. Richard Stevens [11].

El contingut de l'assignatura de Xarxes de Computadors de la FIB és conseqüència dels diferents professors que han donat l'assignatura al llarg del temps, i els meus agraïments van dirigits a ells. En especial, mencionaré els meus companys del grup de recerca CompNet[1] Jorge García i José María Barceló. Amb ells he donat conjuntament diverses assignatures. El Jorge ha estat un impulsor de la introducció de TCP/IP en les assignatures de xarxes de la FIB. També al Jordi Iñigo, amb el que vaig donar per primera vegada una assignatura de xarxes. Finalment, vull donar les gràcies a tots els alumnes que m'han enviat mails amb comentaris o errates.

---

[1] http://research.ac.upc.edu/CompNet

Tema 1

Introducció

L'objectiu d'aquest tema és introduir la terminologia i els ingredients principals que formen part d'una xarxa de computadors.

Des de l'aparició del telègraf els anys 1830, l'evolució de les xarxes de comunicacions, i després de computadors, ha estat frenètica: Primer es varen desenvolupar xarxes per a la transmissió telegràfica i telefònica. Amb l'aparició dels computadors els anys 1940, es varen desenvolupar xarxes de comunicació especialitzades amb la comunicació entre computadors. Durant aquest temps, s'han desenvolupat gran quantitat de tecnologies i tipus de xarxes per a la transmissió cada cop més eficient, ràpida i econòmica.

Com a resultat d'aquesta evolució, en l'actualitat conviuen gran quantitat de tipus de xarxes. Per fer una primera aproximació i explicar alguns conceptes importants, agafarem com a paradigma la xarxa Internet.

1.1 Evolució d'Internet

Internet va començar els anys 1960 com a projecte militar als EUA, en el *Defense Advanced Research Projects Agency* (DARPA). L'objectiu del projecte era desenvolupar sistemes de comunicació per interconnectar computadors. En aquest projecte es varen desenvolupar un conjunt de programes de comunicació i es va crear la xarxa ARPANET.

DARPA va cedir els programes desenvolupats en ARPANET a la Universitat de California, Berkeley, perquè els incorporés en el sistema operatiu UNIX. UNIX es va convertir en el sistema operatiu predominant en Universitats i centres de recerca, i el *National Science Foundation* (NSF) dels EUA va promoure la xarxa NSFNET (1985), que interconnectava centres governamentals, universitats i altres centres públics. En altres països es varen promoure xarxes semblants, que es varen interconnectar i van donar lloc a Internet.

Així doncs, inicialment Internet era una xarxa que només interconnectava centres públics i estava finançada pels estats. En els anys 90, Internet es va ampliar amb una part comercial: varen aparèixer els *Internet Service Providers* (ISP), que varen donar accés a Internet als seus abonats. Des d'aquest moment, el nombre d'usuaris que accedeix a Internet ha crescut de forma gairebé exponencial. En la següent URL podeu trobar més informació:

http://www.isoc.org/internet/history/brief.shtml

1.2 Organització d'Internet

La figura 1.1 representa a grans trets l'organització d'Internet. En aquesta secció explicarem els elements que apareixen en la figura amb l'objectiu d'introduir les xarxes de computadors.

En primer lloc tenim els operadors de telecomunicacions. Exemples d'operadors són Telefònica, UNI-

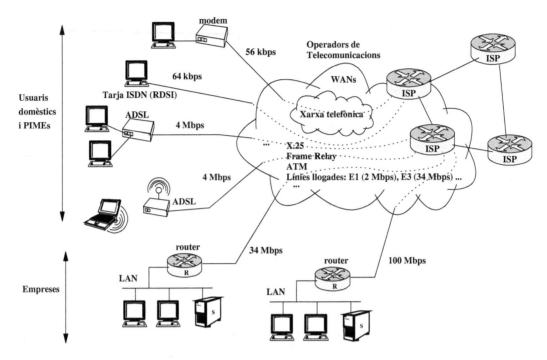

Figura 1.1: Organització d'Internet.

2, ONO, etc. El negoci d'aquestes empreses és la transmissió de dades i veu dels seus abonats. Els operadors disposen de "xarxes de gran abast" (*Wide Area Network*, WAN) per a la transmissió d'aquesta informació. El nom d'aquest tipus de xarxes és degut a que estan dissenyades per cobrir àrees geogràfiques grans (una ciutat, regió o tot un país). Un exemple de WAN és la xarxa telefònica. Les xarxes dissenyades per interconnectar un nombre reduït de computadors i en una zona geogràfica limitada s'anomenen xarxes d'àrea local (*Local Area Network*, LAN). Un exemple de LAN és la interconnexió de tots els equips informàtics en una empresa (vegeu la figura 1.1).

Hi ha una gran diversitat de línies d'accés per a la connexió dels equips d'un usuari o abonat amb l'operador de telecomunicacions. La característica més important de la línia és la velocitat de transmissió. Aquesta velocitat es mesura en "bits per segon" (bps): és a dir, quants de bits es poden transmetre per la línia en un segon. Per representar-les sovint es fan servir els prefixos del sistema internacional:

- k, kilo: 10^3
- M, Mega: 10^6
- G, Giga: 10^9
- T, Tera: 10^{12}
- P, Peta: 10^{15}

La línia d'accés més habitual és el "bucle d'abonat" de la xarxa telefònica. Aquesta línia consisteix en un parell de fils de coure que connecta les llars amb les centraletes dels operadors de telefonia. Fins fa poc, aquestes línies només permetien l'accés a la xarxa telefònica convencional amb un modem de fins a 56 kbps, o amb un accés digital ISDN amb dos canals de 64 kbps. En l'actualitat ha aparegut la tecnologia ADSL (*Asymmetric Digital Subscriber Line*), que permet velocitats molt majors fent servir el mateix bucle d'abonat: Típicament, 4 Mbps de baixada i 300 kbps de pujada.

Els equips de comunicacions de què disposen els operadors de telecomunicacions implementen diferents tipus de xarxes: La xarxa de telefonia i altres especialitzades en el transport de dades. Això permet oferir als abonats diferents solucions segons les seves necessitats. Per exemple, la xarxa X.25 és una xarxa de dades de baixa velocitat (fins a 96 kbps), que típicament fan servir els bancs per interconnectar caixers automàtics, o els comerços per connectar els "datafons" que es fan servir en els punts de venda. Altres opcions són les línies llogades. L'exemple d'un abonat per a una solució d'aquest tipus podria ser una empresa que tingués una seu en dues ciutats diferents.

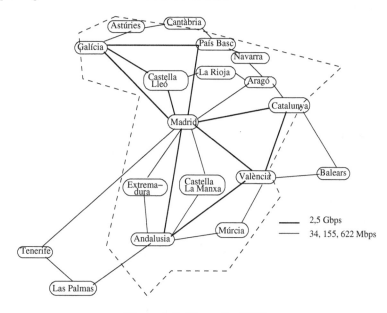

Figura 1.2: Xarxa RedIRIS.

Tal com s'ha explicat en la secció 1.1, Internet està formada per una part pública i una altra comercial. La part amb finançament públic connecta els centres governamentals, universitats, hospitals, etc. A Espanya aquesta xarxa es diu RedIRIS. La figura 1.2[1] mostra els enllaços que interconnecten les diferents comunitats autònomes. Dintre cada comunitat la xarxa es diversifica per interconnectar tots els centres amb connexió a RedIRIS.

La part comercial d'Internet està formada per la interconnexió dels ISP que donen accés a Internet als seus abonats. Les xarxes públiques i comercials estan interconnectades, i a la vegada entre diferents països, de forma que Internet forma una xarxa d'abast mundial.

De la descripció anterior podem veure que Internet està formada per una barreja de xarxes. En la pròxima secció s'explica com és possible que els computadors es comuniquin dintre d'aquest embolic de xarxes que formen Internet.

1.3   Xarxa de paquets

Segons la manera de "commutar" el tràfic generat per les estacions, les xarxes es poden classificar en "xarxes de commutació de circuits" (*circuit switching networks*) i "xarxes de commutació de paquets" (*packet switching networks*), o simplement, xarxa de paquets. Per commutació s'entén el procés que fan els nodes de la xarxa per a "commutar" la informació entre un port d'entrada i un de sortida.

Les primeres xarxes de comunicacions que es varen desenvolupar varen ser xarxes de commutació de circuits. Les xarxes per commutació de circuits es basen en l'establiment d'un circuit o canal entre els

---

[1]Informació obtinguda a http://www.rediris.es

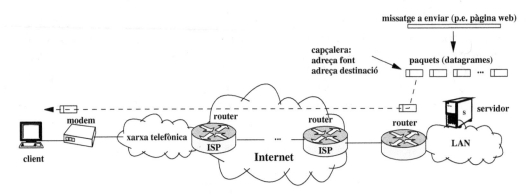

Figura 1.3: Funcionament d'Internet.

terminals que es volen comunicar. Aquest canal és dedicat, és a dir, la xarxa reserva la velocitat de transmissió del canal i no es pot fer servir per els altres canals establerts, encara que els terminals per als que s'ha establert el circuit no transmetin dades. La xarxa telefònica és un exemple de xarxa per commutació de circuits.

Cap els anys 50 va aparèixer el concepte de xarxa de commutació de paquets, i en l'actualitat és el tipus de xarxa dominant. Internet és un exemple de xarxa per commutació de paquets.

La figura 1.3 mostra el funcionament d'una xarxa de paquets. Suposem que el computador anomenat client de la figura accedeix al computador anomenat servidor per descarregar-se una pàgina web. Aleshores, el missatge que envia el servidor al client (la pàgina web) se segmenta en trossos més petits. A cada un d'aquests trossos s'hi afegeix una capçalera amb una adreça font i destinació: És a dir, el missatge que ha d'enviar-se es converteix en un grup de "paquets". En el cas d'Internet, aquests paquets s'anomenen també "datagrames". Les adreces permeten que la xarxa Intenet encamini els datagrames cap a la destinació.

Els dispositius que encaminen els datagrames s'anomenen *routers*. Els routers, a més, permeten que Internet estigui formada per una barreja heterogènia de xarxes. A Internet, les diferents xarxes físiques (LANs, WANs) tenen la funció de transportar els datagrames entre els routers. Els routers fan servir les adreces que hi ha a la capçalera per decidir el pròxim router on ha d'encaminar-se el datagrama perquè arribi a la destinació.

Perquè la transmissió sigui possible, el format de la capçalera i les adreces dels datagrames ha de ser interpretada de la mateixa manera pel client, servidor i routers. És a dir, cal "estandarditzar un protocol". El protocol que hi ha en el client, servidor i routers que permet l'encaminamet dels datagrames s'anomena *Internet Protocol* (IP). Les adreces que fa servir el protocol IP per encaminar els datagrames s'anomenen "adreces IP".

Per al funcionament d'Internet hi ha molts protocols, cada un especialitzat en una tasca específica. Per referir-se al conjunt de protocols d'Internet es fa servir el nom dels dos protocols més importants: TCP/IP.

Les xarxes de paquets a la vegada es poden classificar en dos tipus:

- Xarxes de paquets de tipus datagrama: Son xarxes on cada paquet s'encamina independentment dels altres, fent servir l'adreça destinació que porta la capçalera. Aquest és el tipus de xarxa explicat en el paràgrafs anteriors. Internet n'és un exemple.

- Xarxes de paquets de tipus circuit virtual: En aquest cas, abans de poder enviar paquets d'informació s'ha d'establir una connexió. Els nodes per on han de passar els paquets de la connexió es decideixen en aquesta fase. Per identificar una connexió establerta els nodes fan servir un "identificador de circuit virtual" (*Virtual Circuit Identifier*, VCI). Els paquets d'informació porten un camp amb l'VCI. Cada node disposa d'una taula d'VCIs, on es registra el port per on s'ha de transmetre un paquet que arriba amb un cert VCI. D'aquesta manera, tots els paquets d'una mateixa connexió passaran per els mateixos nodes. La tecnologia *Asynchronous Transfer Mode*, ATM, és un exemple de xarxa de paquets per circuit virtual. Molts operadors de telecomunicacions tenen una xarxa troncal ATM.

En aquest llibre ens centrarem fonamentalment amb Internet, per tant, amb una xarxa de commutació de paquets de tipus datagrama.

1.4   Organismes d'estandardització

Els organismes d'estandardització són una peça clau en el desenvolupament de les xarxes de computadors. Per exemple, en la transmissió de la figura 1.3, possiblement el client, servidor i routers són de fabricants diferents. L'única manera que es puguin entendre és que facin servir protocols que segueixin el mateix estàndard. A continuació hi ha una llista d'organismes d'estandardització que han desenvolupat estàndards relacionats amb les xarxes de computadors:

- *International Telecommunciation Union* (ITU): Estàndards WAN. http://www.ietf.org

- *International Organization for Standardization* (ISO): Estàndards Industrials (p.e. targetes de crèdit). http://www.iso.org

- *Institute of Electrical and Electronics Engineers* (IEEE): Estàndards LAN. http://www.ieee.org

- *European Telecommunications Standards Institute* (ETSI): Estàndards per a operadors de telefonia mòbil (p.e. GSM). http://www.etsi.org

- *Electronic Industries Alliance* (EIA): Estàndards de cablatge. http://www.eia.org

- *Internet Engineering Task Force* (IETF): Estàndards d'Internet. http://www.ietf.org

L'estandardització dels protocols d'Internet ha estat un mica especial. Normalment, els organismes d'estandardització estan formats per empreses que tenen interessos relacionats amb els estàndards que es desenvolupen. Aquestes empreses han de pagar quotes per poder participar en el procés d'estandardització, i els documents que generen no són de lliure distribució.

Internet, en canvi, ha estat fonamentalment desenvolupat per organismes sense ànim de lucre (universitat i centres de recerca). Les propostes d'estandardització es fan amb documents anomenats *Request For Comments* (RFC). Els RFC són inicialment esborranys. Quan hi ha consens i implementacions que demostren l'eficàcia de la proposta, l'IETF aprova l'RFC com estàndard d'Internet. Els RFC són de lliure distribució i estan disponibles en nombroses bases de dades distribuïdes per Internet (per exemple, en la Universitat Politècnica de Catalunya: ftp://ftp.upc.es/doc/rfc).

1.5   Model de referència OSI de ISO

Durant els 1970 l'organisme d'estandardització ISO va dissenyar un model de referència amb l'objectiu de facilitar el desenvolupament d'estàndards de xarxes de computadors. El model s'anomena *Open System Interconnection* (OSI). La idea del "sistema obert" és el desenvolupament de protocols que permetin interconnectar sistemes desenvolupants per diferents fabricants.

El model OSI divideix el conjunt de protocols que formen part d'una xarxa de computadors en 7 nivells, cada un independent dels altres i amb unes funcions específiques. La terminologia introduïda en aquest model de referència s'ha convertit en un llenguatge comú en el context de les xarxes de computadors.

La figura 1.4 mostra els nivells definits en el model OSI. Els nodes terminals representen els dos sistemes que es comuniquen a través de la xarxa (per exemple, el client i el servidor en la figura 1.3). Els

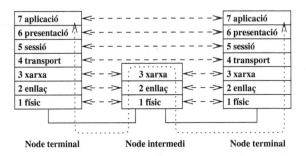

Figura 1.4: Model de referència OSI de ISO.

nodes intermedis tenen la funció d'encaminar la informació (per exemple, els routers en la figura 1.3). En el model OSI cada nivell és independent dels altres, ofereix serveis al nivell superior i fa servir el nivell inferior (excepte el nivell físic) per implementar els seus serveis. Cada nivell fa servir una estructura de dades anomenada *Protocol Data Unit* (PDU) per intercanviar informació amb el seu nivell parell.

Les línies discontínues que hi ha entre nivells parells en la figura 1.4 representen que el protocol de cada nivell estableix un diàleg amb el seu nivell parell. El propòsit bàsic de cada nivell és el següent:

- Nivell 1, o nivell físic (*physical*): Defineix les característiques físiques i elèctriques d'un dispositiu de xarxa. Per exemple, l'estàndard RS-232 és un estàndard de nivell físic. Aquest estàndard especifica el protocol que fa servir el port sèrie d'un PC. El protocol especifica els voltatges, velocitats de transmissió, com s'envien els bits per la línia de transmissió, tipus de connector i pins, etc. En aquest nivell només es parla de bits o caràcters.

- Nivell 2 o nivell d'enllaç (*data link*): Fa d'interfície entre el nivell de xarxa i el nivell físic. Les PDUs que fa servir s'anomenen "trames" (*frames*). Entre les seves funcions hi pot haver: (i) El *framing*, que serveix per descobrir on comença i on acaba una trama dintre del flux de bits o caràcters que llegeix del nivell físic. (ii) Detecció d'errors: que serveix per detectar si la trama rebuda té algun error. (iii) Recuperació d'errors: per exemple, demanant la retransmissió d'una trama errònia al seu nivell parell.

- Nivell 3 o nivell de xarxa (*network*): Les PDUs que fa servir s'anomenen "paquets" (datagrames en el cas d'Internet). La seva funció més important és l'encaminament de PDUs: És a dir, aconseguir que les PDUs segueixin el camí correcte entre la font i la destinació.

- Nivell 4 o nivell de transport (*transport*): Les PDUs que fa servir s'anomenen "segments". És un nivell extrem-a-extrem. La seva funció és establir un canal entre les dues aplicacions que es comuniquen. Pot oferit serveis de segmentació (com mostra la figura 1.3) o recuperació d'errors.

- Nivell 5 o nivell de sessió (*session*): La seva funció és proporcionar la gestió d'una sessió entre les dues aplicacions. Per exemple, *login*, permetre tornar a un punt conegut després d'un tall de la connexió, etc.

- Nivell 6 o nivell de presentació (*presentation*): La seva funció és proporcionar protocols de presentació de dades. Per exemple, ASCI, MPEG, etc.

- Nivell 7 o nivell d'aplicació (*application*): Són els protocols de les aplicacions que fan servir la xarxa. Per exemple: http (aplicació web), smtp (aplicació mail), ftp, telnet, etc.

1.5.1   Arquitectura TCP/IP

El desenvolupament dels protocols que es fan servir a Internet (TCP/IP) va ser anterior al model de referència OSI. A més, el desenvolupament de TCP/IP va seguir una evolució més "pragmàtica" que

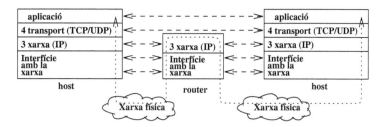

Figura 1.5: Arquitectura de TCP/IP.

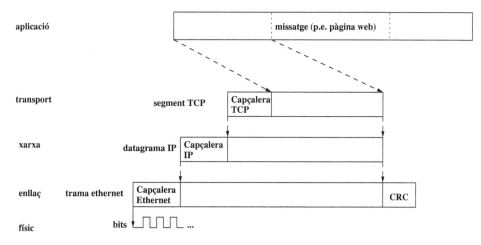

Figura 1.6: Encapsulament.

l'especificació formal que hi ha en el model OSI. Per aquest motiu, no hi ha una correspondència estricta entre els protocols que formen part de TCP/IP i l'especificació del model OSI. Tot i això, l'arquitectura, o nivells, en què estan organitzats el protocols d'Internet, sol presentar-se com la figura 1.5. És a dir, el nivell d'aplicació engloba els nivells 5, 6 i 7 del nivell OSI. Els protocols més importants d'Internet es corresponen amb el nivell de xarxa: L'*Internet Protocol* (IP) i el nivell de transport: El *Transmission Control Protocol* (TCP). Per ser més exactes, pel que fa al transport hi ha dos protocols: TCP, que implementa una transmissió fiable (assegura una transmissió lliure d'errors), i el *User Datagram Protocol* (UDP), que no assegura el lliurament correcte de la informació. Per sota del nivell IP, hi ha una "interfície de xarxa" que depèn de la xarxa física on es connecta cada dispositiu. En l'argot d'Internet els nodes terminals s'anomenen *hosts* i els nodes intermedis *routers*.

1.5.2   Encapsulament de l'informació

En la transmissió d'informació a través de la xarxa, cada nivell afegeix una capçalera amb la informació necessària per comunicar-se amb el nivell parell. Cada nivell afegeix una capçalera abans de passar la PDU al nivell inferior i elimina la capçalera abans de passar la PDU al nivell superior. Aquest procés s'anomena "encapsulament". La figura 1.6 mostra un exemple.

1.6   Paradigma client-servidor

En aquesta secció explicarem el model que fan servir les aplicacions a Internet per intercanviar-se informació. Aquest model s'anomena "paradigma client-servidor". En aquest model l'aplicació que inicia l'intercanvi d'informació s'anomena "client". Així doncs, el client envia el primer datagrama cap al ser-

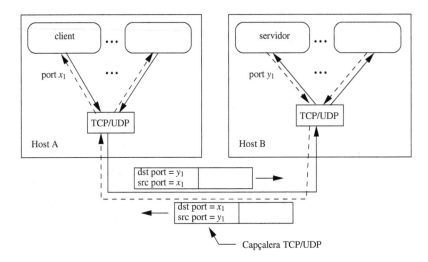

Figura 1.7: Paradigma client-servidor.

vidor. Tal com hem vist en la secció 1.3, el nivell de xarxa (IP) porta els datagrames fins a la destinació. Un cop arriben a la destinació, cal lliurar la informació a l'aplicació on van dirigits (per exemple, un servidor web). El responsable d'aquesta tasta és el nivell de transport (TCP o UDP). És lògic que sigui així, perquè el nivell de transport és el primer nivell que hi ha extrem-a-extrem.

Per poder identificar les aplicacions que es comuniquen, TCP/UDP fan servir els anomenats "ports": un port identifica l'aplicació client, i l'altra l'aplicació servidor (vegeu la figura 1.7). Aquests ports formen part de la capçalera del protocol TCP o UDP.

Per veure amb més detall el funcionament d'aquest model, considerem, per exemple, una màquina UNIX. Les aplicacions són processos que s'executen en la màquina. El servidor és un *daemon* que s'executa contínuament. Aquest servidor té associat un port *well-known*. Cada port *well-known* identifica un servei estàndard d'Internet, com ara ftp (port 21), telnet (port 23), web (port 80), etc. Els ports *well-known* tenen un valor en l'interval [0, ..., 1023] i estan estandarditzats per un organisme d'Internet anomenat *Internet Assigned Numbers Authority* (IANA). El valor dels ports *well-known* es pot consultar en el RFC-1700: *Assigned Numbers* [36].

Quan el client inicia l'intercanvi d'informació, el sistema operatiu li assigna un port "efímer" (que té un valor ≥ 1204). Aquest port identifica el client metre dura l'intercanvi d'informació. D'aquesta manera, el servidor pot contestar al client quan rep la seva petició. Així doncs, per identificar completament una connexió en TCP/IP es fa servir la tupla: (port font, adreça IP font; port destinació, adreça IP destinació). Les adreces IP identifiquen els hosts, els ports identifiquen les aplicacions dels hosts.

Tema 2

Xarxes IP

L'objectiu d'aquest tema és l'estudi de l'*Internet Protocol* (IP) i alguns altres protocols relacionats amb la configuració i funcionament del nivell de xarxa d'una xarxa TCP/IP.

El protocol IP es va dissenyar amb l'objectiu de poder interconnectar xarxes heterogènies. Això s'aconsegueix amb *routers* que "parlen" el mateix protocol: IP. Els routers tenen la funció d'encaminar les unitats de dades (PDUs en la terminologia OSI) que fa servir el protocol IP: els "datagrames". La descripció del funcionament bàsic dels routers ens permet descriure les característiques més importants del protocol IP. La figura 2.1 mostra l'arquitectura bàsica d'un router. El seu funcionament el podríem resumir de la següent manera: Un router té dues o més "interfícies" connectades a xarxes diferents. Físicament, les interfícies estan formades per targes de comunicacions (*Network Interface Cards*, NIC) que permeten transmetre o rebre informació a través d'una xarxa física específica: una LAN o una WAN.

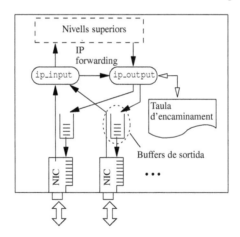

Figura 2.1: Arquitectura bàsica d'un router.

Quan un router rep un datagrama d'una interfície, segueix el següent procés:

1. El datagrama passa a la funció ip_input, que mira si va dirigit al mateix router. En cas afirmatiu, el passa als nivells superiors, altrament el passa a la funció ip_output. El pas de ip_input a ip_output es coneix com *IP forwarding* i és la diferència entre un host[1] i un router. En el cas d'un *host*, l'IP forwarding està desactivat, i si el datagrama no va dirigit al mateix *host* es descarta.

2. La funció ip_output s'encarrega de l'encaminament. Per a l'encaminament un router fa servir una "taula d'encaminament". En aquesta taula hi ha les xarxes destinació on el router sap arribar. Per

---

[1]En l'argot d'Internet un *host* (amfitrió) és un node terminal, com ara un PC o qualsevol altre dispositiu que faci servir TCP/IP i sigui transmissor o receptor de datagrames. Per exemple, hi ha balances de centres comercials que tenen TCP/IP.

a cada xarxa destinació la taula diu la interfície per on ha d'enviar-se el datagrama.

3. Després de consultar la taula, `ip_output` passa el datagrama al *driver* que controla la NIC per on ha d'enviar-se i aquest el guarda en un "*buffer* de sortida" a l'espera que la NIC l'agafi i l'enviï a la xarxa física on està connectada.

El procediment de rebre els datagrames, processar-los i emmagatzemar-los fins que es transmeten es coneix com a *store & forward*. Cal destacar que les taules d'encaminament del router han d'estar inicialitzades. Si el router rep un datagrama dirigit a una destinació desconeguda, el descarta. A més, si arriben més datagrames dirigits a una mateixa NIC del que és capaç de transmetre, el *buffer* de sortida s'omplirà i el router començarà a descartar datagrames.

De la descripció anterior podem deduir les següents característiques del protocol d'IP:

- No orientat a la connexió *connectionless*: És a dir, abans de començar a encaminar datagrames, un router no ha de registrar l'establiment d'una connexió. Això no és així en altres xarxes com ara la xarxa telefònica, on abans de començar a parlar hem d'establir una connexió i esperar que l'altre extrem respongui la trucada. Aquestes xarxes es diuen "orientades a la connexió" (*connection oriented*).

- Sense estat (*stateless*): És a dir, no guarda informació de les connexions en curs.

- No fiable: Per exemple, els routers descarten datagrames si el buffer per on han d'encaminar-lo està ple. Aquest tipus de servei on els routers "fan el millor que poden" per encaminar el datagrama, i si no poden el descarten es coneix amb el nom de *best effort*.

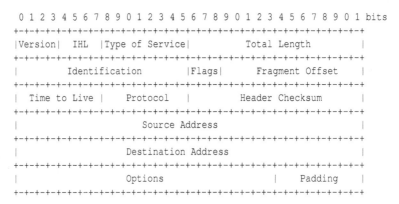

Figura 2.2: Capçalera d'un datagrama IP.

2.1 Capçalera IP – RFC 791 [19]

La figura 2.2 mostra la capçalera d'un datagrama IP. Els camps són els següents:

- *Version*: Versió del protocol: 4.

- IHL: *IP Header Length*, mida de la capçalera en words de 32 bits (si la capçalera no té opcions val 5, és a dir, la capçalera té $5 \cdot 4 = 20$ bytes).

- *Type of Service*: Preferència d'encaminament. El format és: xxxdtrc0, on xxx permeten indicar una precedència. Només té significat a l'interior d'una mateixa xarxa i no arreu d'Internet (no sol fer-se servir). L'últim bit es posa a 0 (no es fa servir). Els bits dtrc volen dir:

- d: *delay*, optimitzar el retard.
- t: *throughput*, optimitzar la velocitat eficaç.
- r: *reliability*, optimitzar la fiabilitat.
- c: *cost*, optimitzar el cost (econòmic).

- *Total Length*: Mida total del datagrama en bytes.

- *Identification*, *Flags*, *Fragment Offset*: Es fan servir en la fragmentació (secció 2.1.1)

- *Time to Live (TTL)*: Temps de vida. Els routers decrementen aquest camp i descarten el datagrama si arriba a zero, és a dir, executen el codi: `if(--TTL == 0) { descartar el datagrama }`. El motiu és evitar que hi hagi datagrames donant voltes indefinidament per Internet. Això podria passar si hi hagués algun *bug* en una taula d'encaminament, o si s'enviés un datagrama a una adreça inexistent.

- *Protocol*: Multiplexació del protocol de nivell superior. Els números de protocol estan estandarditzats en el RFC 1700 (Assigned Numbers [36]). En una màquina UNIX es poden consultar en el fitxer `/etc/protocols` (vegeu la figura 2.4).

- *Header Checksum*: Permet la detecció d'errors. El checksum és només de la capçalera. L'algorisme de *Checksum* és el complement a 1 de la suma en complement a 1 de la informació a protegir. És a dir, pel càlcul del checksum es posen els bits del camp de checksum de la capçalera a 0, s'agrupen els bits de la capçalera en words de 16 bits, se sumen en complement a 1 i es fa el complement a 1 de la suma. La suma en complement a 1 consisteix en fer la suma en binari natural i tornar a sumar el possible excés (*carry*) que es pugui produir. El complement a 1 consisteix a canviar els '1' per '0' i viceversa. La figura 2.3 mostra una possible implementació de l'algorisme de checksum en C i un exemple del càlcul.

- *Source Address, Destination Address*: Adreça font i destinació del datagrama (secció 2.2).

- *Options*: Aquest camp pot portar una o més opcions. Normalment no en porta cap. Algunes de les que hi ha definides són:

  - *Record Route*: Quan hi ha aquesta opció, els routers afegeixen l'adreça IP de la interfície per on encaminen el datagrama.
  - *Loose Source Routing*: Especifica una llista d'adreces IP de routers que ha de travessar el datagrama (pot travessar també altres routers que no siguin a la llista).
  - *Strict Source Routing*: Adreces IP dels únics routers que pot travessar el datagrama.

2.1.1 Fragmentació

IP pot fragmentar un datagrama quan la *Maximum Transfer Unit* (MTU) del nivell d'enllaç on ha d'encaminar-se té una mida menor que la del datagrama. Això sol passar en els següents casos:

- Quan un router ha d'encaminar un datagrama per una xarxa amb MTU menor que la d'on ha arribat.

- Quan es fa servir UDP i l'aplicació fa una escriptura major que l'MTU de la xarxa.

Quan es produeix la fragmentació, el reensamblatge es fa en la destinació dels datagrames.
Per poder fer el reensamblatge es fan servir els camps:

```
unsigned short checksum(unsigned char *addr, int count)
{
  register unsigned long sum = 0 ;

  while(count > 1) {
    sum += *(unsigned short)add++ ;
    count -= 2 ;
  }
  if(count > 0) sum += *addr ;
  while(sum >> 16) sum = (sum & 0xFFFF) + (sum >> 16) ;

  return unsigned short ~sum ;
}
```

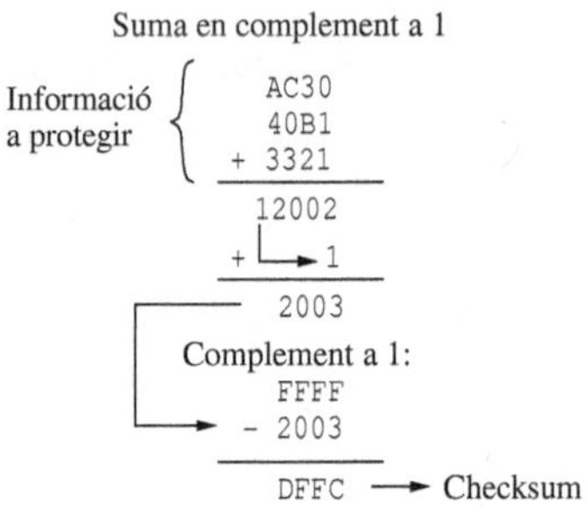

Suma en complement a 1

Informació a protegir
$\left\{\begin{array}{l} AC30 \\ 40B1 \\ + 3321 \end{array}\right.$

12002
+ ⌐→ 1

2003

Complement a 1:
FFFF
- 2003

DFFC ⟶ Checksum

Figura 2.3: Possible implementació i exemple de l'algorisme de checksum.

```
# protocols     This file describes the various protocols that are
#               available from the TCP/IP subsystem.  It should be
#               consulted instead of using the numbers in the ARPA
#               include files, or, worse, just guessing them.
#
# This list could be found on:
#          http://www.iana.org/assignments/protocol-numbers
#
ip          0       IP          # internet protocol v4
icmp        1       ICMP        # internet control message protocol
igmp        2       IGMP        # internet group multicast protocol
ggp         3       GGP         # gateway-gateway protocol
tcp         6       TCP         # transmission control protocol
udp         17      UDP         # user datagram protocol
ipip        94      IPIP        # IP-within-IP Encapsulation Protocol
...
```

Figura 2.4: Fitxer /etc/protocols.

- *Identification*: El nivell IP del *host* que genera els datagrames hi posa el valor d'un comptador que incrementa cada cop que es genera un nou datagrama. Aquest número permet identificar fragments d'un mateix datagrama.

- *Flags*: són 0DM. El primer bit no es fa servir, els altres són:

  - D: *Flag* de *Don't fragment*. Quan està a '1' el datagrama no es pot fragmentar. Si un router necessita fer-ho el descartarà i enviarà un missatge ICMP d'error. Es fa servir en el mecanisme de *MTU path discovery* (vegeu la secció 2.1.2).

  - M: *Flag* de *More fragments*. Si està a '1' vol dir que hi ha més fragments. Tots els fragments d'un datagrama el porten a '1' excepte l'últim.

- *Offset*: Posició del primer byte del fragment en el datagrama original (el primer val '0'). Es compta en unitats de 8 bytes (per poder comptar fins a 2^{16-1} amb 13 bits).

2.1.2   MTU Path Discovery – RFC 1191 [31]

El nivell de transport TCP agrupa els bytes que escriu l'aplicació fins a tenir un segment de mida òptima i després l'envia. Normalment la mida òptima és la que permet enviar els segments de mida igual a l'MTU menor de les xarxes que han de travessar fins a la destinació. Això permet enviar segments de mida gran (i així l'*overhead* de les capçaleres serà petit), però no tant com perquè s'hagin de fragmentar. La fragmentació no és desitjable perquè: (i) ralentitza els routers, (ii) pot provocar que hi hagi fragments de mida petita que redueixen l'eficiència de la xarxa i, (iii) si es perd un sol fragment, s'han de descartar tots els altres quan arriben a la destinació.

Per aconseguir que la mida dels segments sigui l'òptima, les implementacions actuals de TCP fan el mecanisme *MTU Path Discovery*, que consisteix en el següent: Primer proven d'adaptar la mida dels segments a l'MTU de la xarxa on està connectat el *host*. Els datagrames s'envien amb el bit de *Don't fragment* activat. Si un router intermedi ha d'enviar-los per una xarxa d'MTU menor, descartaran el datagrama i enviaran un missatge ICMP d'error *fragmentation needed but DF set* (vegeu la secció 2.6). Una de les informacions que porta aquest missatge d'error és la mida de l'MTU que l'ha provocat. Quan el *host* rep el missatge d'error, TCP redueix la mida dels segments per adaptar-los en aquesta MTU.

Exemple de Fragmentació

Suposem que una aplicació d'un *host* genera un datagrama UDP de 1980 bytes que ha d'enviar-se per una xarxa Ethernet. El nivell IP construirà un datagrama de 2000 bytes: 20 de capçalera IP + 1980 de *payload*. Quan IP vegi que el datagrama ha d'encaminar-se per una interfície d'MTU = 1500 bytes, haurà de fragmentar-lo. El *payload* màxim dels fragments (en unitats de 8 bytes) serà:

$$\text{Mida dels fragments} = \left\lfloor \frac{1500 - 20}{8} \right\rfloor = 185 \text{ unitats de 8 bytes}$$

És a dir, $185 \cdot 8 = 1480$ bytes. Es generaran doncs 2 fragments: El primer fragment portarà els primers 1480 bytes del payload del datagrama original. El segon fragment portarà els 500 bytes restants. Al fragmentar-se, es copiarà la capçalera del datagrama original en cada fragment i es canviaran els camps:

- 1er fragment: `offset = 0, M = 1`.

- 2^{on} fragment: `offset = 185, M = 0`.

A més dels camps anteriors, IP també haurà de canviar convenientment el camp de *total length* i el camp de *checksum* de cada fragment.

2.2 Adreces IP

Les adreces IP tenen 32 bits (4 bytes). La figura 2.5 mostra el format d'una adreça IP.

```
0 1 2 3 4 5 6 7 8 9 0 1 2 3 4 5 6 7 8 9 0 1 2 3 4 5 6 7 8 9 0 1 bits
+-+-+-+-+-+-+-+-+-+-+-+-+-+-+-+-+-+-+-+-+-+-+-+-+-+-+-+-+-+-+-+-+
|          netid           |              hostid              |
+-+-+-+-+-+-+-+-+-+-+-+-+-+-+-+-+-+-+-+-+-+-+-+-+-+-+-+-+-+-+-+-+
```

Figura 2.5: format d'una adreça IP.

El *netid* identifica la xarxa i el *hostid* identifica un *host* dintre la xarxa. El límit entre el netid i el hostid és variable. La notació que es fa servir es coneix com a *notació amb punts* i consisteix a expressar els 4 bytes de l'adreça en decimal separats per punts, per exemple `147.83.34.25`.

A la taula 2.1 hi ha la divisió en classes de les adreces IP. La classe D és per adreces *multicast* (per exemple, l'adreça `224.0.0.1` identifica "All Systems on this Subnet" [36]) i la classe E són adreces reservades.

L'assignació de les adreces es fa tenint en compte que:

- Una adreça identifica una interfície.

- Totes les adreces d'una mateixa xarxa IP tenen el mateix netid.

Classe	netid (bytes)	hostid (bytes)	Codificació	rang
A	1	3	0xxxx···x	0.0.0.0 ~ 127.255.255.255
B	2	2	10xxx···x	128.0.0.0 ~ 191.255.255.255
C	3	1	110xx···x	192.0.0.0 ~ 223.255.255.255
D	-	-	1110x···x	224.0.0.0 ~ 239.255.255.255
E	-	-	1111x···x	240.0.0.0 ~ 255.255.255.255

Taula 2.1: Divisió de les adreces IP en classes.

- Totes les adreces assignades han de ser diferents.

No totes les adreces es poden fer servir per numerar les interfícies. La taula 2.2 mostra les adreces especials.

netid	hostid	Significat
xxx	tot '0'	Identifica una xarxa. Es fa servir en les taules d'encaminament.
xxx	tot '1'	*Broadcast* en la xarxa xxx.
tot '0'	tot '0'	Identifica "aquest *host*" en "aquesta xarxa". Es fa servir com adreça origen en protocols de configuració (DHCP, vegeu la secció 2.7).
tot '1'	tot '1'	*Broadcast* en "aquesta xarxa". Es fa servir com adreça destinació en protocols d'autoconfiguració (DHCP, vegeu la secció 2.7).
127	xxx	*Loopback*: Comunicació entre processos en el mateix *host* amb TCP/IP.

Taula 2.2: Adreces IP especials.

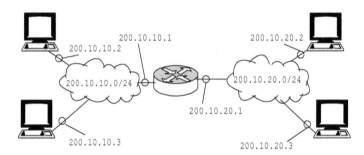

Figura 2.6: Exemple d'assignació d'adreces.

La figura 2.6 en mostra un exemple. Cal destacar:

- Totes les interfícies d'una mateixa xarxa tenen el mateix prefix de xarxa (netid).

- No es poden fer servir les adreces especials per numerar les interfícies. Cada xarxa en té dues: la de la xarxa (amb el hostid tot a '0', que és la primera adreça disponible en el rang d'adreces de la xarxa) i la del broadcast en la xarxa (amb el hostid tot a '1', que és l'última adreça disponible en el rang d'adreces de la xarxa).

- El router ha de tenir assignada una adreça en cada interfície. Cada adreça ha tenir el netid de la xarxa on està connectada la interfície.

Les adreces han de ser úniques en tot Internet. Per aconseguir-ho, l'organisme d'Internet *Internet Assigned Numbers Authority* (IANA, http://www.iana.net) assigna blocs d'adreces als *Regional Internet Registries* (RIR):

- RIPE: Europa (http://www.ripe.net)

- ARIN: USA (`http://www.arin.net`)

- APNIC: ASIA (`http://www.apnic.net`)

- LACNIC: Amèrica Llatina (`http://www.lacnic.net`)

A la vegada, els RIR assignen blocs d'adreces als ISP i aquests als seus abonats. Aquestes adreces s'anomenen públiques, globals o registrades.

2.2.1 Adreces Privades – RFC 1918 [40]

Per a les xarxes (o *hosts*) que fan servir TCP/IP i que no tenen una adreça pública, s'han reservat els següents blocs d'adreces (que no són enrutables a Internet):

- 1 adreça de classe A: `10.0.0.0 ∼ 10.255.255.255`

- 16 adreces de classe B: `172.16.0.0 ∼ 172.31.255.255`

- 256 adreces de classe C: `192.168.0.0 ∼ 192.168.255.255`

2.3 Subnetting – RFC 950 [24]

La divisió en classes és massa rígida i no permet aprofitar bé les adreces. Solució: Deixar que el límit entre el netid i hostid sigui variable. Això permet tenir més xarxes de mida diferent. El nombre d'adreces d'una xarxa, però, haurà de continuar sent un múltiple de 2.

Per expressar quina és la mida del netid es fa servir una màscara. La màscara és un número de 32 bits amb els bits més significatius que es corresponen amb el netid a '1' i els altres a '0'[2].

La màscara es representa amb una de les següents notacions: adreça-IP/nombre-de-bits-a-1-de-la-màscara (per exemple `147.83.24.0/24`), o amb la notació amb punts (per exemple: `255.255.255.0`)

Divisió d'una xarxa en subxarxes. Motivació:

- Eficiència: Els routers filtren els broadcasts de nivell 2 (és a dir, no els retransmeten cap a la resta de xarxes on estan connectats). Com veurem més endavant, hi ha molts protocols (per exemple, ARP, DHCP, ect.) que generen trames *broadcasts*, és a dir, adreçades a la resta d'estacions de la xarxa. Si els routers retransmetessin aquestes trames per totes les xarxes on estan connectats, Internet es col·lapsaria!

- Seguretat: Els routers aïllen xarxes diferents i només encaminen els datagrames que ho permeten les taules d'encaminament. També permeten afegir llistes i d'altres mecanismes que permeten un control més acurat (això s'explica en la secció 2.11).

Exemple de divisió en subxarxes: Suposem que una empresa (en l'argot d'Internet es parla d'una SO-HO: *Small Office Home Office*) contracta l'adreça de classe C `200.200.200.0/24` a l'ISP (l'adreça de partida per fer el subnetting l'anomenarem "adreça base"). Suposem que l'empresa vol tenir 4 subxarxes. Per aconseguir-ho, agafem 2 bits del hostid ($2^2 = 4$) per fer el subnetting (aquest bits s'anomenen *subnetid* i han de ser els més significatius del hostid).

La taula 2.3 mostra les subxarxes que resulten. Els pesos dels bits del subnetid són $2^7 = 128$ i $2^6 = 64$. A la taula es fa servir B = `200.200.200`. La columna d'adreces disponibles compte el nombre d'adreces que queden al descomptar les adreces especials (la de la xarxa i la de broadcast). Per saber quants *hosts* es podrien connectar en cada subxarxa també hauríem de descomptar les adreces que consumeixen els routers. La figura 2.7 mostra una possible connexió de les subxarxes.

---

[2]El RFC [24] no exigeix que els bits de la màscara siguin contigus, tot i que recomana que sigui així. En la pràctica, els routers i sistemes operatius en què jo he provat, per curiositat, si era possible posar màscares amb els bits no contigus, han donat un error i no ho han permès.

subnetid	subxarxa	rang	broadcast	adreces disponibles
00	B.0/26	B.0 ~ B.63	B.63	$2^6 - 2 = 62$
01	B.64/26	B.64 ~ B.127	B.127	$2^6 - 2 = 62$
10	B.128/26	B.128 ~ B.191	B.191	$2^6 - 2 = 62$
11	B.192/26	B.192 ~ B.255	B.255	$2^6 - 2 = 62$

Taula 2.3: Exemple de divisió en subxarxes.

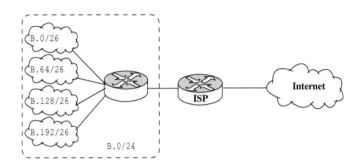

Figura 2.7: Exemple de divisió en subxarxes.

2.3.1 Màscares variables

Si es necessita tenir subxarxes de diferents mides, és possible tenir màscares variables. Per exemple, a la xarxa de la figura 2.7 podríem dividir una de les subxarxes en dues subxarxes més (afegint un altre bit al subnetid) de $2^5 - 2 = 30$ adreces disponibles en cada una. La taula 2.4 mostra les subxarxes que resultarien. Fixeu-vos que perquè la divisió en subxarxes sigui correcta, els rangs d'adreces que pertanyen a cada subxarxa no es poden superposar. Per exemple, no és possible agafar dues subxarxes amb els subnetid 00 (rang B.0 ~ B.63) i 001 (rang B.32 ~ B.63), perquè la primera subxarxa tindria adreces que també pertanyen a la segona subxarxa.

subnetid	subxarxa	rang	broadcast	adreces disponibles
00	B.0/26	B.0 ~ B.63	B.63	$2^6 - 2 = 62$
01	B.64/26	B.64 ~ B.127	B.127	$2^6 - 2 = 62$
10	B.128/26	B.128 ~ B.191	B.191	$2^6 - 2 = 62$
110	B.192/27	B.192 ~ B.223	B.223	$2^5 - 2 = 30$
111	B.224/27	B.224 ~ B.255	B.255	$2^5 - 2 = 30$

Taula 2.4: Exemple de divisió en subxarxes de màscares variables.

2.3.2 Classless Inter-Domain Routing (CIDR) – RFC 1519 [33]

Inicialment els routers d'Internet feien l'encaminament per classes. Finalment, però, per evitar el creixement desmesurat de les taules d'encaminament, es varen eliminar les classes de les taules d'encaminament. Actualment en les taules d'encaminament les destinacions sempre es donen en forma d'una adreça i una màscara que dóna la mida del netid.

El RFC 1519 [33] proposa l'eliminació de l'encaminament per classes i la distribució de blocs d'adreces als ISP de forma "racional" (és a dir, tenint en compte la seva situació geogràfica). La proposta es coneix pel nom de CIDR *Classless Inter-Domain Routing*. L'objectiu és poder agregar les adreces amb prefix comú. Per exemple, si l'encaminament és el mateix per a les xarxes 200.1.10.0/24 i

```
Destination Genmask        Gateway Iface    Destination Genmask        Gateway Iface
200.1.10.0  255.255.255.0 18.1.1.1 eth0  →  200.1.10.0  255.255.254.0 18.1.1.1 eth0
200.1.11.0  255.255.255.0 18.1.1.1 eth0
```

Figura 2.8: Exemple d'agregació de rutes.

`200.1.11.0/24`, aleshores es poden resumir les dues xarxes en una sola entrada: `200.1.10.0/23` (vegeu la figura 2.8). D'aquesta manera s'aconsegueix un adreçament jeràrquic. Per exemple, suposeu que s'assigna un bloc d'adreces amb un prefix comú a Europa. D'aquestes, s'assigna un bloc amb un netid major a cada país d'Europa. Això es repeteix per assignar blocs als ISP de cada país, i a la vegada, per assignar blocs als abonats dels ISPs. D'aquesta manera, un ISP als EUA, per exemple, podria resumir totes les xarxes que hi ha a Europa en una sola entrada: La que apuntés cap a l'ISP que encaminés els datagrames cap a Europa. A mida que es va encaminant el datagrama cap a la destinació final, les entrades de les taules d'encaminament es van fent més específiques (amb un netid major).

En la següent URL es pot consultar l'assignació de blocs d'adreces públiques IPv4 que ha fet IANA:

`http://www.iana.org/assignments/ipv4-address-space`

2.4 Taules d'encaminament i algorisme de lliurament de datagrames

Per "algorisme de lliurament de datagrames" ens referirem a les accions que fa IP quan processa un datagrama pel seu encaminament. L'encaminament pot ser:

- Directe: Quan hi ha una interfície en la mateixa xarxa que la de l'adreça destinació del datagrama.

- Indirecte: En cas contrari. En aquest cas el datagrama s'ha de lliurar a un router que l'encamini cap a la destinació.

Mirem ara com és la taula d'encaminament d'IP. Cal tenir en compte que el nivell IP és el mateix tant si es tracta d'un *host* com d'un router. Per tant, la taula d'encaminament s'interpreta de la mateixa manera. En aquesta taula hi ha les destinacions a què sap arribar el nivell IP. Si el nivell IP rep un datagrama cap a una destinació que no és a la taula, el descarta. Així doncs, a la taula hi ha tuples que especifiquen {destinacions, com arribar-hi}. Evidentment, si totes les taules d'encaminament haguessin de tenir totes les possibles xarxes destinació d'Internet, les taules serien inviables per la seva complexitat i nombre d'entrades. Aquest problema es resol amb "l'entrada per defecte" (*default route*).

Considerem l'exemple de la figura 2.9. La figura 2.10 mostra com seria la taula d'encaminament de PC1.

Les dues primeres columnes de la taula d'encaminament de la figura 2.10 (`Destination` i `Genmask`) identifiquen les destinacions on sap arribar PC1. Les columnes identifiquen respectivament l'adreça de xarxa i la seva màscara. Les dues altres columnes `Gateway` i `Iface` indiquen com arribar a la destinació. La columna de Gateway té l'adreça del router que s'ha de fer servir per encaminar el datagrama cap a la destinació. Aquest valor val `0.0.0.0` si el lliurament és directe (no s'ha de fer servir cap router). La columna `Iface` identifica la interfície per on ha d'enviar-se el datagrama. En les màquines UNIX es fa servir una etiqueta. En linux, per identificar els ports Ethernet les etiquetes són `eth0`, `eth1`, etc. Aquestes etiquetes tenen la mateixa funció que els noms de dispositius. Per exemple: `/dev/hda1` identifica la primera partició del primer disc dur IDE d'un PC linux. A diferència dels dispositius, les interfícies de comunicacions no són nodes del directori `/dev`. Les interfícies de comunicacions es creen quan es carrega el *driver* que les controla i podem llistar-les amb la comanda `ifconfig -a`.

La primera entrada és la xarxa on està connectat. Si aquesta entrada no hi fos, PC1 no podria enviar datagrames a altres estacions de la seva mateixa xarxa, encara que tingués assignada una adreça a la interfície que té en aquesta xarxa. Podem identificar que el lliurament és directe perquè la columna de `Gateway` té el valor `0.0.0.0`.

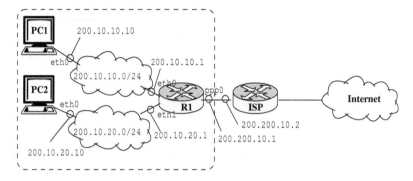

Figura 2.9: Exemple per les taules d'encaminament.

Destination	Genmask	Gateway	Iface
200.10.10.0	255.255.255.0	0.0.0.0	eth0
0.0.0.0	0.0.0.0	200.10.10.1	eth0

Figura 2.10: Taula d'encaminament de PC1.

Destination	Genmask	Gateway	Iface
200.10.10.0	255.255.255.0	0.0.0.0	eth0
200.10.20.0	255.255.255.0	0.0.0.0	eth1
0.0.0.0	0.0.0.0	200.200.10.2	ppp0

Figura 2.11: Taula d'encaminament de R1.

La segona entrada de la taula d'encaminament de la figura 2.10 és l'entrada per defecte. Aquesta entrada sempre té la xarxa destinació 0.0.0.0 i màscara 0.0.0.0. El motiu és el següent: Per consultar la taula d'encaminament el nivell IP ordena les entrades de més a menys específiques, és a dir, de més a menys bits de la màscara a '1'. El nivell IP segueix aquest ordre per buscar la xarxa destinació (*Longest Prefix Match*). Per això fa l'operació AND bit a bit entre l'adreça destinació que hi ha en el datagrama i la màscara de l'entrada de la taula d'encaminament (d'aquí el nom de màscara). El resultat el compara amb la xarxa destinació (columna Destination). Si hi ha coincidència, es para la cerca i l'entrada es fa servir per encaminar el datagrama. D'aquesta manera l'entrada per defecte serà sempre l'última en mirar i el resultat de la comparació serà sempre cert. L'entrada per defecte sempre és indirecta (en l'exemple, el *gateway* 200.10.10.1).

La figura 2.11 mostra la taula d'encaminament del router R1. En aquest cas R1 resumeix la resta d'Internet amb l'entrada per defecte, però ha d'especificar en la taula totes les altres xarxes que "pengen" dels altres ports (en l'exemple són dues: 200.10.10.0/24 i 200.10.20.0/24. Si alguna de les xarxes que pengen dels ports que no són el que té l'entrada per defecte no es trobessin en la taula, R1 no sabria arribar-hi (els enviaria per l'entrada per defecte cap a Internet!).

2.5   Address Resolution Protocol (ARP) – RFC 826 [22]

Motivació: adreces de xarxa versus adreces "físiques".

En una LAN es fan servir adreces per identificar l'estació transmissora i receptora. Per exemple, a Ethernet es fan servir adreces de 6 bytes (48 bits). El funcionament d'Ethernet s'explica en detall en el tema 4. La figura 2.12 mostra el funcionament bàsic. Ethernet fa servir un "medi compartit" que funciona com un BUS: Quan una estació envia una trama, aquesta arriba a totes les estacions connectades a la xarxa Ethernet. En cada estació la tarja Ethernet rep la trama que s'ha enviat al medi. Totes les tarjes miren l'adreça Ethernet destinació que hi ha en la trama. Si l'adreça destinació és la de la tarja, aleshores aquesta interromp la CPU i transfereix el contingut de la trama rebuda per DMA a la memòria del computador. En cas contrari, la tarja descarta la trama rebuda. Quan el computador vol enviar una trama Ethernet, el *driver* que controla la tarja ha de passar-li la informació que vol enviar (per exemple, el datagrama IP) i l'adreça Ethernet de la tarja del computador on es vol enviar.

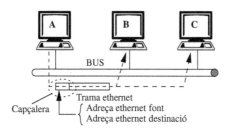

Figura 2.12: Funcionament bàsic d'Ethernet.

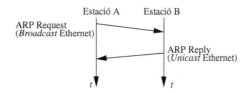

Figura 2.13: Mecanisme de resolució.

Així doncs, després de mirar la taula d'encaminament, tal com s'ha explicat en la secció anterior, el nivell IP pot necessitar fer una conversió de l'adreça IP a l'"adreça física". El terme "adreça física" es refereix a l'adreça de la xarxa física per on s'enviarà el datagrama, per exemple Ethernet. Aquesta conversió no sempre és necessària. Per exemple, en un enllaç punt a punt no es necessita una adreça física, perquè hi ha un únic destinatari possible: l'altre extrem de l'enllaç. El mecanisme que s'encarrega de fer la conversió adreça IP – adreça física s'anomena *Address Resolution Protocol*, ARP. El procediment que dispara el mecanisme ARP és el següent:

- IP determina l'adreça IP on ha d'enviar-se el datagrama (que pot ser l'adreça destinació del datagrama si el lliurament és directe o l'adreça d'un router si el lliurament és indirecte).

- Si la interfície per on ha d'enviar-se el datagrama no necessita adreça física (per exemple, un enllaç punt a punt), aleshores IP passa el datagrama al *driver* per a la seva transmissió. Altrament:

  - IP sol·licita al mòdul ARP l'adreça "física" que correspon a l'adreça IP.
  - ARP té una taula on guarda les tuples {adreça IP; adreça física}. Si l'adreça IP sol·licitada no es troba en la taula, aleshores el mòdul ARP inicia un "procediment de resolució". Quan acaba aquest procediment, ARP retorna al mòdul IP l'adreça física sol·licitada.
  - Mentre IP espera la resposta del mòdul ARP, guarda temporalment el datagrama en un *buffer*. Aquest buffer té un *time-out*. Si salta el time-out i ARP encara no ha resolt l'adreça, es descarta el datagrama.
  - Quan IP rep la resposta del mòdul ARP, aleshores passa el datagrama al *driver* juntament amb l'adreça física on s'ha d'enviar.

2.5.1 Funcionament del mecanisme de resolució

Suposem que el *host* A de la figura 2.12 vol resoldre l'adreça del *host* B. Quan es fa el *boot* dels PCs les caches ARP estan buides. La figura 2.13 mostra les trames *ARP Request* i *ARP Reply* que s'envien durant el mecanisme de resolució. Els detalls són els següents:

- L'estació A envia un missatge *ARP Request* amb una adreça Ethernet destinació broadcast. Aquesta trama porta l'adreça IP que es vol resoldre (la de l'estació B). Com que l'adreça destinació és broadcast, totes les targes interrompran la CPU quan rebin la trama. Després el *driver* passarà el contingut de la trama al mòdul ARP.

- El mòdul ARP de l'estació B veurà que es vol resoldre la seva adreça i enviarà una trama *ARP Reply*. L'adreça destinació de l'*ARP Reply* és unicast (és l'adreça Ethernet de l'estació A). Els mòduls de les altres estacions descartaran l'*ARP Request*.

- Les dues estacions implicades (A i B) actualitzaran la cache ARP amb les adreces $\{IP_B; eth_B\}$ i $\{IP_A; eth_A\}$ respectivament. El motiu que només les estacions implicades actualitzin la cache ARP és que convé mantenir les cache petites perquè les consultes siguin el més ràpid possible (la cache ARP s'ha de consultar cada vegada que s'envia un datagrama!).

Les entrades de la cache ARP tenen associades un *time-out*. Cada vegada que una entrada es fa servir, el *time-out* es refresca. Si salta el *time-out*, l'entrada s'esborra de la cache. El motiu és, també, mantenir les cache només amb les entrades que es fan servir perquè siguin petites.

2.5.2   Format dels missatges ARP

La figura 2.14 mostra el format dels missatges ARP pel cas particular de resoldre adreces IPv4 en xarxes Ethernet.

```
 0 1 2 3 4 5 6 7 8 9 0 1 2 3 4 5 6 7 8 9 0 1 2 3 4 5 6 7 8 9 0 1 bits
+-+-+-+-+-+-+-+-+-+-+-+-+-+-+-+-+-+-+-+-+-+-+-+-+-+-+-+-+-+-+-+-+
| Hardware Type (16)            | Protocol Type (16)            |
+-+-+-+-+-+-+-+-+-+-+-+-+-+-+-+-+-+-+-+-+-+-+-+-+-+-+-+-+-+-+-+-+
|Hard. Length(8)|Prot. Length(8)| Opcode (16)                  |
+-+-+-+-+-+-+-+-+-+-+-+-+-+-+-+-+-+-+-+-+-+-+-+-+-+-+-+-+-+-+-+-+
|        Sender Hardware                                        |
+        Address (48)           +-+-+-+-+-+-+-+-+-+-+-+-+-+-+-+-+
|                               | Sender Protocol Address (32)  |
+-+-+-+-+-+-+-+-+-+-+-+-+-+-+-+-+-+-+-+-+-+-+-+-+-+-+-+-+-+-+-+-+
| Sender Protocol Address (cont)|    Target Hardware            |
+-+-+-+-+-+-+-+-+-+-+-+-+-+-+-+-+     Address (48)              +
|                                                              |
+-+-+-+-+-+-+-+-+-+-+-+-+-+-+-+-+-+-+-+-+-+-+-+-+-+-+-+-+-+-+-+-+
|      Target Protocol Address (32)                            |
+-+-+-+-+-+-+-+-+-+-+-+-+-+-+-+-+-+-+-+-+-+-+-+-+-+-+-+-+-+-+-+-+
```

Figura 2.14: Format dels missatges ARP.

- *Hardware Type*: Indica el tipus d'adreça física (Ethernet).

- *Protocol Type*: Indica el protocol de l'adreça que es vol resoldre (IPv4).

- *Hard. Length*: Indica el nombre de bytes de l'adreça física.

- *Prot. Length*: Indica el nombre de bytes de l'adreça que es vol resoldre (IPv4).

- *Opcode*: Tipus de missatge (*Request/Reply*).

- *Sender Hardware Address/Sender Protocol Address*: Adreça física i del protocol que es vol resoldre, del que envia. En el *Reply* hi ha l'adreça física buscada.

- *Target Hardware Address/Target Protocol Address*: Adreça física i del protocol que es vol resoldre, de l'estació on s'envia. En el *Request* el camp *Target Hardware Address* és irrellevant (és l'adreça buscada).

2.5.3 Proxy ARP

Idea [25]: una estació contesta un ARP request en nom d'una altra. La figura 2.15(a) mostra un possible escenari. El *host* PC2 fa de router al *host* PC1 per accedir a la xarxa `10.0.0.0/24`. Les figures 2.15(b) i 2.15(c) mostren respectivament la taula ARP i la taula d'encaminament que podria tenir PC2 (el bolcat és el que s'obtindria en una màquina linux). La segona entrada de la taula ARP (figura 2.15(b)), és la que s'afegiria manualment perquè PC2 fes proxy arp del *host* PC1 (adreça 10.0.0.20).

Un possible motiu per connectar el *host* PC1 a la seva xarxa a través de PC2 podria ser que no hi hagués una roseta disponible per connectar PC1. Un altre motiu podria ser que la xarxa fos, per exemple, Ethernet, i que PC1 no tingués una interfície Ethernet, de manera que la connexió entre PC1 i PC2 podria ser, per exemple, a través del port sèrie amb un cable modem null i un enllaç ppp.

En l'exemple de la figura 2.15, si PC3 vol enviar un datagrama a PC1, enviarà un ARP request perquè és a la mateixa xarxa. L'ARP request el contestarà PC2, de manera que PC3 enviarà els datagrames destinats a PC1 al *host* PC2. PC2 ha d'estar configurat com a router i tenir una entrada en la taula d'encaminament que enviï els datagrames de PC1 a través de l'enllaç PC1-PC2, com mostra la figura 2.15(c).

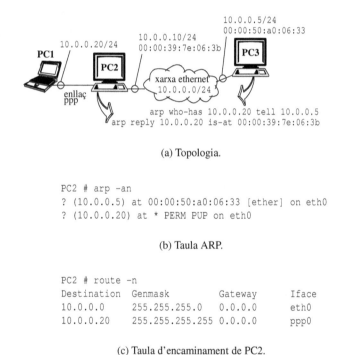

(a) Topologia.

```
PC2 # arp -an
? (10.0.0.5) at 00:00:50:a0:06:33 [ether] on eth0
? (10.0.0.20) at * PERM PUP on eth0
```

(b) Taula ARP.

```
PC2 # route -n
Destination   Genmask         Gateway     Iface
10.0.0.0      255.255.255.0   0.0.0.0     eth0
10.0.0.20     255.255.255.255 0.0.0.0     ppp0
```

(c) Taula d'encaminament de PC2.

Figura 2.15: Exemple de *proxy ARP*.

2.5.4 Gratuitous ARP

El *gratuitous ARP* consisteix en un ARP request que envia un *host* per resoldre la seva mateixa adreça després de la fase de boot. Els motius són els següents:

- Per detectar adreces IP duplicades en la mateixa xarxa. Per exemple, si un altre *host* tingués la mateixa adreça que el que envia el *gratuitous ARP* contestaria l'ARP request. Això permetria detectar al *host* que envia el *gratuitous ARP* que la seva adreça IP ja l'està fent servir un altre *host*.

- Per actualitzar les caches ARP. Per exemple, si una mateixa adreça IP es canvia d'un *host* A a un altre diferent B (per exemple, perquè el *host* A es dóna de baixa i s'assigna la seva adreça al *host* B), les estacions que tinguessin l'entrada ARP del *host* A continuarien enviant paquets a l'adreça Ethernet del *host* A després del canvi. El *gratuitous ARP* que envia el *host* B el rebran totes les estacions de la xarxa, i aquelles que tinguessin l'adreça IP en la cache actualitzarien l'adreça física a la del *host* B.

2.6   Internet Control Message Protocol (ICMP) – RFC 792 [20]

Senyalitza missatges d'error o atenció. Característiques:

- Va sobre IP (no TCP/UDP).

- Els pot activar IP/TCP/UDP o un procés d'usuari.

- Poden ser (i) query o (ii) error.

- Els missatges ICMP d'error no poden generar un altre ICMP d'error (per evitar bucles).

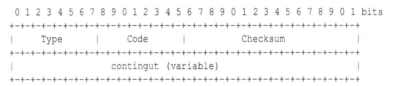

Figura 2.16: Format dels missatges ICMP.

La figura 2.16 mostra el format d'un missatge ICMP:

- Type/Code: identifiquen el missatge (vegeu la taula 2.5).

- El checksum és de tot el missatge ICMP.

- El contingut depèn del Type/Code.

A més,

- Els missatges de tipus *query* porten un camp anomenat *identifier* que serveix per poder fer correspondre els *request* amb els *reply* (el *reply* sempre porta el mateix valor que el *request* que l'ha generat).

- Els missatges d'error retornen sempre la capçalera IP del datagrama causant del missatge i els 8 primers bytes del seu payload. Si el datagrama causant de l'error porta encapsulat un segment TCP o un datagrama UDP, els ports origen i destinació queden inclosos en aquests primers 8 bytes. Aquesta informació és necessària en alguns casos. Per exemple, quan es fa servir *MTU Path Discovery* (vegeu la secció 2.1.2), TCP necessita conèixer els ports origen i destinació per identificar la connexió que ha de reduir la mida dels segments.

Exemple: `traceroute`. Aquesta comanda envia successivament paquets amb TTL=1, 2, ... i un port arbitrari. Identifica els routers intermedis pels ICMP d'error TTL==0 i la destinació per l'ICMP port unreachable.

Type	Code	query/error	Nom	Descripció
0	0	query	echo reply	Contesta un echo request
3	0	error	network unreachable	Xarxa desconeguda
	1	error	host unreachable	Host desconegut
	2	error	protocol unreachable	IP no pot lliurar el datagrama (protocol desconegut)
	3	error	port unreachable	TCP/UDP no pot lliurar el datagrama (port desconegut)
	4	error	fragmentation needed but DF set	MTU path discovery
4	0	error	source quench	L'envia quan un router està congestionat. S'espera que la font redueixi la v_{ef}
5	0	error	redirect for network	L'envia un router indicant un camí millor
8	0	query	echo request	Sol·licita un reply
11	0	error	TTL=0 during transit	L'envia un router quan --TTL=0

Taula 2.5: Alguns missatges ICMP.

2.7 Dynamic Host Configuration Protocol (DHCP) – RFC 2131 [44]

L'assignació d'adreces IP pot ser:

- Manual, per exemple amb un script que executa les comandes de configuració de la xarxa (ifconfig eth0 ...).

- Automàtica, a través del protocol IPCP en un enllaç ppp o amb el protocol DHCP en una LAN (abans BOOTP).

DHCP és un protocol que segueix el model client-servidor amb l'objectiu de subministrar als clients:

- Paràmetres per a la configuració de la xarxa.

- Assignació temporal o permanent d'adreces IP.

L'assignació d'adreces IP pot ser:

- Dinàmica: En el servidor s'especifica un conjunt (pool) d'adreces IP que es poden assignar als clients i un temps de "lloguer" (leasing).

- Automàtica: El temps de lloguer és il·limitat.

- Manual: En el servidor s'especifica l'adreça de cada client (p.e. associant l'adreça IP per a cada adreça Ethernet).

Altres paràmetres (RFC 1533 [45])

- Domini (p.e. ac.upc.es) i hostname del client.

- Adreça IP del Servidor DNS (DNS s'explica en la secció 2.9).

- Router per defecte.

- Màscara.

- Etc.

Detalls del protocol: Fa servir UDP. El port del servidor és 67 i el del client és 68. Fixeu-vos que el client té un port *well known* i no un port efímer. Això no és un problema perquè en un mateix *host* només hi pot haver un client DHCP. En la mateixa xarxa pot haver-hi més d'un servidor DHCP. La figura 2.17 descriu el protocol:

- El client envia un missatge DHCPDISCOVER amb adreça IP font 0.0.0.0 i destinació broadcast (255.255.255.255), port UDP font 68 i destinació 67. Aquest missatge pot suggerir les opcions que desitgi el client, com ara l'adreça IP i el temps de *leasing*.

- Cada servidor respon amb un missatge DHCPOFFER amb l'oferta dels paràmetres de configuració. Un dels paràmetres d'aquest missatge és un identificador del servidor.

- El client respon amb un missatge DHCPREQUEST broadcast (perquè ho rebin tots els servidors) amb l'identificador del servidor que hi havia en el missatge DHCPOFFER que ha escollit.

- El servidor escollit confirma la configuració enviant un missatge DHCPACK.

Els missatges DHCPOFFER i DHCPACK poden tenir una adreça de nivell físic i IP *unicast* si el client pot rebre paquets unicast abans de tenir la xarxa configurada, o broadcast en cas contrari. En el missatge DHCPDISCOVER hi ha un *flag* de broadcast que permet al client triar el tipus d'adreça. Si el client recorda l'adreça IP assignada en una sessió anterior, pot enviar directament un missatge DHCPREQUEST i estalvia els dos primers missatges del diagrama de la figura 2.17. El client també pot enviar un DHCPREQUEST per prolongar el temps de *leasing*.

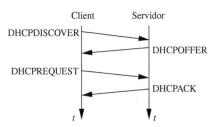

Figura 2.17: Protocol DHCP.

2.8 Network Address Translation (NAT) – RFC 1631 [35], RFC 2663 [52], 3022 [54]

Motivació: Aprofitar millor les adreces públiques.

Funcionament: La figura 2.18 mostra el funcionament de NAT. En l'interior de la xarxa privada els *hosts* tenen adreces privades (per exemple, de la xarxa 10.0.0.0). Amb aquestes adreces les estacions no poden accedir a Internet (el servidor on intentessin accedir no podria contestar a l'adreça privada). Perquè això sigui possible, el router NAT fa el següent:

- Als datagrames que surten de la xarxa privada els canvia l'adreça font privada per una adreça pública (una de les adreces contractades a l'ISP).

- Als datagrames que entren a la xarxa privada en resposta als datagrames anteriors els desfà el canvi. És a dir, es canvia l'adreça destinació pública per l'adreça destinació privada del *host*.

Els canvis que fa el router NAT són transparents als *hosts*. És a dir, els *hosts* no s'adonen del canvi, ni tan sols saben quina adreça pública se'ls hi està posant quan surten a Internet. Per poder desfer el canvi el router manté una "Taula NAT" amb les adreces privades i les corresponents adreces públiques.

Avantatges de NAT:

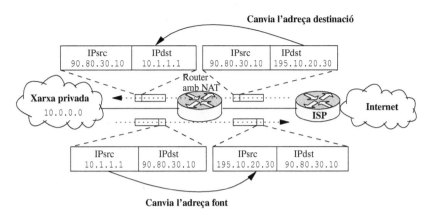

Figura 2.18: NAT.

- Estalvia adreces públiques perquè no hem d'assignar una adreça pública a cada un dels *hosts* de la xarxa privada (serà, per tant, més econòmic perquè hem de contractar menys adreces a l'ISP!).

- No hem d'esperar a tenir un ISP per assignar adreces a la xarxa privada.

- No han de reassignar-se les adreces privades si es canvia d'ISP.

- Afegeix seguretat: L'entrada/sortida de la xarxa està controlada pel router NAT (per exemple, els *hosts* als quals el router no canviï l'adreça no podran accedir a Internet).

Tipus de translacions:

- NAT estàtic: S'associa una adreça pública per a cada adreça privada. Només poden accedir a Internet les adreces privades que tinguin una adreça pública associada. Necessitem tantes adreces públiques com *hosts* volem que puguin accedir a Internet.

- NAT dinàmic: Hi ha un "conjunt" (*pool*) d'adreces públiques que s'assignen dinàmicament: Quan un *host* inicia una connexió amb Internet, s'afegeix una entrada en la taula NAT amb la seva adreça privada i l'adreça pública que se l'hi ha assignat. L'entrada té un temporitzador, de manera que quan el *host* deixa de fer servir l'entrada durant un temps, s'esborra i un altre *host* pot reutilitzar la mateixa adreça pública. Necessitem tantes adreces públiques com *hosts* volem que puguin accedir simultàniament a Internet.

2.8.1 PAT

El mecanisme *NAPT (o PAT)*: (*Network Address and Port Translation*) es fa servir quan desitgem que més d'un *host* faci servir la mateixa adreça pública simultàniament per accedir a Internet.

El funcionament bàsic és el següent: Quan un *host* inicia una connexió amb Internet, en la taula NAT es posa la tupla: (adreça privada, port local), (adreça pública, port extern). Com que una mateixa adreça pública s'assigna a diferents adreces privades, es fa servir el port per poder desfer el canvi. El port que es fa servir és el port font dels datagrames de sortida, que és el de destinació en els datagrames d'entrada.

Quan un datagrama surt es busca en la taula NAT fent servir les entrades (adreça privada, port local). Quan un datagrama entra es busca en la taula fent servir les entrades (adreça pública, port extern). Com que les translacions han de ser unívoques, totes les tuples (adreça privada, port local) han de ser diferents, i han de tenir una tupla (adreça pública, port extern) també diferent. Aquest motiu fa que el port també necessiti ser canviat en alguns casos: Per exemple, quan dos *hosts* diferents accedeixen a Internet amb el mateix port font fent servir la mateixa adreça pública. Per aquest motiu cal guardar el port local i el port extern.

El mecanisme explicat anteriorment és vàlid per a TCP/UDP. Què passa per altres protocols? Per exemple, en el cas d'ICMP els paquets de *query* tenen el camp *identifier*, que porta un número arbitrari que serveix per relacionar *request/reply*. Aquest camp es fa servir en la taula NAT de forma anàloga al port. En el cas de missatges ICMP d'error, el router NAT busca el port en els 8 bytes del payload del datagrama que causa l'error que s'afegeixen en el missatge ICMP (vegeu la secció 2.6). Això permet, per exemple, que els *hosts* en la xarxa interna facin *MTU Path Discovery*.

2.8.2 DNAT

El mecanisme NAT/PAT explicat anteriorment permet sortir de la xarxa privada. Què passa si volem que es pugui entrar (volem tenir algun servidor accessible des d'Internet)? Per aconseguir-ho necessitem fer el mateix que abans: canviar l'adreça destinació dels datagrames que entren, i l'adreça font dels que surten. Els efectes, però, són molt diferents: Permetre que s'iniciïn connexions de la xarxa privada cap a l'exterior, o viceversa. Per aquest motiu, per referir-se al segon cas es sol parlar de DNAT *Destination Network Address Translation*.

En el cas de DNAT la iniciativa és d'un client extern, i primer es canviarà l'adreça destinació, perquè els datagrames que envia el client puguin entrar en la xarxa interna (d'aquí el nom de DNAT). Quan els datagrames del client extern arriben al router, la taula NAT ja ha d'estar configurada amb l'adreça dels servidors de la xarxa interna als que es pot accedir. Per això, en cas de fer servir DNAT la configuració haurà de ser estàtica.

Exemple típic: Accés a un servidor de web intern (port web: 80). En la taula DNAT s'afegiria l'entrada estàtica (adreça privada, 80), (adreça pública, 80), on adreça privada seria l'adreça IP del servidor de web en la xarxa privada i adreça pública seria l'adreça IP del servidor vista des d'Internet. Quan un datagrama arriba des d'Internet al router DNAT amb l'adreça pública i port destinació 80, el router canvia l'adreça destinació per l'adreça privada (el port no es canvia). Quan un datagrama surt amb l'adreça privada del servidor i el port font 80, es canvia per l'adreça pública del servidor.

2.9   Domain Name System (DNS) – RFC 1034 [26], 1035 [27]

Objectiu: Permetre que els usuaris d'Internet puguin fer servir noms en comptes d'adreces IP. Per exemple, que es pugui executar telnet rogent en comptes de telnet 147.83.34.35. Les característiques bàsiques de DNS són:

- Segueix el paradigma client/servidor amb nivell de transport TCP/UDP amb port *well-known* 53.

- Hi ha una base de dades amb els noms i les adreces per poder fer la resolució.

- El sistema de noms està organitzat en una jerarquia que permet distribuir la base de dades arreu d'Internet, en comptes d'haver de mantenir-la centralitzada en un únic servidor.

Exemple de funcionament en una màquina UNIX: Les aplicacions que fan servir el sistema DNS es *linken* amb les funcions de la llibreria de resolució de noms (*resolver*). Aquestes funcions són gethostbyname(), que retorna l'adreça IP d'un nom i gethostbyaddr(), que fa la resolució inversa: Retorna el nom que correspon a una l'adreça IP. Quan es crida el *resolver*, primer mira el fitxer /etc/hosts on hi ha noms i adreces IP (vegeu la figura 2.19(a)). Si no pot resoldre el nom amb la informació d'aquest fitxer intenta contactar amb un servidor de noms. En el fitxer /etc/resolv.conf (vegeu la figura 2.19(b)) hi ha el domini local i l'adreça IP del servidor primari i secundari del domini. Aquests conceptes s'expliquen a continuació

```
exemple# cat /etc/hosts            exemple# cat /etc/resolv.conf
201.24.31.87 pc1.uu.vi.com pc1     domain uu.vi.com
201.24.31.105 pc2.uu.vi.com pc2    nameserver 201.24.31.3
201.24.31.106 pc3.uu.vi.com pc3    nameserver 201.24.31.4
```

(a) Fitxer /etc/hosts.   (b) Fitxer /etc/resolv.conf.

Figura 2.19: Fitxers de configuració del *resolver*.

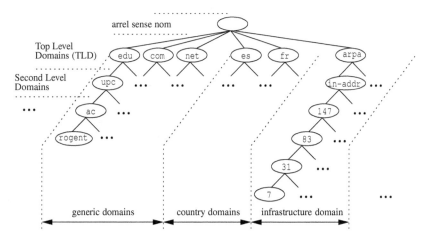

Figura 2.20: Jerarquia de dominis de DNS.

La figura 2.20 mostra la jerarquia de noms de DNS [34]. Aquesta jerarquia està organitzada en "dominis" (*domains*) o "zones". El domini arrel no té nom i d'ell pengen els *top level domains* (TLD). Cada un dels TLD té un administrador (*registrar* en l'argot DNS) que delega part del domini en "sub-dominis". Per exemple, del TLD edu pengen universitats. D'aquí penja el sub-domini upc, l'administració del qual està delegada a la Universitat Politècnica de Catalunya. La informació de contacte dels *registrars* dels TLD (per exemple edu) es poden trobar en http://www.internic.net. L'organisme responsable de la coordinació global del sistema de noms (per exemple, de la creació dels TLDs) és *Internet Corporation for Assigned Names and Numbers* (ICANN), http://www.icann.org.

El nom s'escriu començant pel *host* i separant els dominis per punts fins el TLD. El nom es pot fer acabar en un punt per indicar que s'especifiquen tots el dominis (*fully qualified domain name*). Per exemple:

```
rogent.ac.upc.edu.
```

Cada administrador d'un domini (o subdomini) ha de mantenir part de la base de dades de DNS en un "servidor primari" i un o més "servidors secundaris" (de *backup*). En l'argot DNS, aquests servidors també es coneixen com a "autoritat" (*authority*) del domini. En aquests servidors hi ha d'haver el nom i adreça dels *hosts* que pengen del seu domini i el nom i adreça dels servidors primaris i secundaris de les autoritats dels subdominis que hagi delegat.

Actualment hi ha 13 servidors que tenen les adreces dels TLD. Aquest servidors s'anomenen root-servers, estan distribuïts arreu del món i tenen per nom a.root-server.net, ..., m.root-server.net. Es pot trobar més informació dels root-servers en l'adreça www.root-servers.org.

2.9.1 Accés a la base de dades de DNS

Quan un *host* vol resoldre una adreça, per exemple, la del servidor de web de l'empresa FOO (`www.foo.com`), se segueix el procediment que mostra la figura 2.21:

- El *host* envia el nom que es vol resoldre al seu servidor de DNS (missatge 1 de la figura 2.21).

- El servidor envia la petició a un `root-server`, que li retorna l'adreça del servidor de noms del TLD, domini `com` (missatges 2 i 3 respectivament).

- Després el servidor s'adreça al servidor del domini `com`, que retorna l'adreça del servidor de noms del *second level domain*, domini `foo.com` (missatges 4 i 5 respectivament).

- Després el servidor s'adreça al servidor del domini `foo.com`, que li retorna l'adreça buscada (missatges 6 i 7 respectivament).

- Finalment el servidor retorna l'adreça buscada al *host* que ho havia sol·licitat (missatge 8).

La resolució que fa el *host* s'anomena "recursiva", i el resultat és l'adreça que s'està buscant. La resolució que fa el servidor de noms del *host* s'anomena "iterativa", perquè consulta iterativament els servidors dels dominis fins que resol l'adreça buscada. Una característica molt important de la consulta és el *caching*. Consisteix en que el servidor de noms del *host* guardarà l'adreça sol·licitada. D'aquesta manera, si el mateix *host* o un altre torna a sol·licitar la resolució del mateix nom, retornarà l'adreça immediatament sense haver de fer la resolució iterativa.

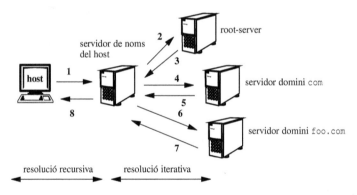

Figura 2.21: Resolució d'un nom.

Les entrades de la base de dades dels servidors de noms típicament són *Resource Records*, (RR). De manera que els missatges de resposta dels servidors de noms retornen el contingut d'un o més RRs (els RR s'expliquen en la secció 2.9.2).

Cal destacar que el mecanisme de resolució de noms es fa servir alguns cops com a mecanisme de balançament de càrrega d'alguns servidors, o per millorar el temps de resposta. Per exemple, per motius d'escalabilitat, es replica el contingut d'un servidor web en varis servidors web amb adreces IP diferents. Després, en el servidor de noms es posen varis RRs amb les diferents adreces IP dels servidors web que corresponen al mateix nom. Quan es sol·licita la resolució del nom, el servidor de noms retorna els RRs ordenats de forma rotatòria, perquè els clients triïn diferents adreces IP per accedir al servidor web. Un altra exemple és el següent. En l'actualitat hi ha empreses que es dediquen a la distribució de continguts (*Content Distribution Network*, CDN). Aquestes empreses tenen servidors distribuïts arreu del mon, on repliquen el continguts que els seus clients desitgen publicar. Quan el seu servidor de noms rep una petició d'un client, fan servir tècniques sofisticades per esbrinar l'adreça IP del servidor més convenient (per exemple, d'on el client es descarregarà el contingut amb major celeritat).

Finalment, cal ressaltar que un RR emmagatzemat en un servidor de noms associa una adreça IP amb un nom, que poden o no estar relacionats. És a dir, normalment els noms que pertanyen a un mateix domini també pertanyen a una mateixa xarxa, i, per tant, tenen una adreça IP amb un netid comú. Per exemple, si la universitat UPC té el rang d'adreces 147.83.0.0/16, aleshores un nom com ara www.upc.edu, és d'esperar que pertanyi a la xarxa 147.83.0.0/16. Això no sempre és així, i l'exemple de les xarxes de distribució de contingut (CDN) explicades anteriorment són un exemple. Així doncs, si foo.com és una empresa d'aquest tipus, segons els clients on es fa la resolució del nom www.foo.com, les adreces IP que retorna el servidor de noms poden pertànyer a xarxes diferents, que no tenen un netid comú. Per una interessant discussió sobre la possible relació entre les adreces IP i els noms, es pot consultat el RFC 3676 [55].

2.9.2   Format dels missatges de DNS

Tots els missatges DNS tenen el format que mostra la figura 2.22. Els camps *Question*, *Answer*, *Authority* i *Additional* poden o no ser-hi.

```
--------------------------------------------------
|              Header (12 bytes)                 |
--------------------------------------------------
/              Question (variable)               /
--------------------------------------------------
/              Answer (variable)                 /
--------------------------------------------------
/              Authority (variable)              /
--------------------------------------------------
/              Additional (variable)             /
--------------------------------------------------
```

Figura 2.22: Format dels missatges DNS.

- *Header*: Especifica el tipus de missatge.

- *Question*: Especifica el que es vol resoldre.

- *Answer*: Especifica la resposta.

- *Authority*: Especifica el nom de l'autoritat del domini.

- *Additional*: Informació addicional (típicament, les adreces IP de les autoritats del domini).

Figura 2.23: Format del *Header* dels missatges DNS.

Header

La figura 2.23 mostra el format del *Header*. El camp *Identification* permet relacionar els missatges de *query* (pregunta) i *reply* (resposta). Els *flags* més importants són:

- *Query-Response* (*flag* QR): Indica si el paquet és de *query* (pregunta) o *reply* (resposta).

- *Authoritative Answer* (*flag* AA): Indica si ha respost l'autoritat del domini, o si la resposta estava en la cache del servidor on s'ha fet la pregunta.

- *Recursion-Desired* (*flag* RD): Indica si es desitja que la resolució sigui recursiva.

Els altres camps diuen quantes entrades tenen els camps de *Question*, *Answer*, *Authority* i *Additional* respectivament.

Question

La figura 2.24 mostra el format del camp *Question* dels missatges DNS.

- *QName*: Especifica el nom que es vol resoldre. La figura 2.25 mostra un exemple de la codificació d'aquest camp.

- *QType*: Especifica el tipus de pregunta. Alguns dels tipus són:

    - *Address*, A: Pregunta l'adreça IP.
    - *Name Server*, NS: Pregunta el *Name Server*.
    - *Pointer*, PTR: Pregunta una resolució inversa. Es dóna un nom del tipus `7.40.45.180.in-addr.arpa`
    - *Mail Exchange*, MX: Es fa servir per encaminar correu electrònic.

- *QClass*: Especifica el tipus d'adreça que es vol resoldre. En el cas de referir-se a una adreça d'Internet val 1.

```
0 1 2 3 4 5 6 7 8 9 0 1 2 3 4 5 6 7 8 9 0 1 2 3 4 5 6 7 8 9 0 1 bits
+-+-+-+-+-+-+-+-+-+-+-+-+-+-+-+-+-+-+-+-+-+-+-+-+-+-+-+-+-+-+-+-+
/                         QName (variable)                      /
+-+-+-+-+-+-+-+-+-+-+-+-+-+-+-+-+-+-+-+-+-+-+-+-+-+-+-+-+-+-+-+-+
|          QType                |          QClass               |
+-+-+-+-+-+-+-+-+-+-+-+-+-+-+-+-+-+-+-+-+-+-+-+-+-+-+-+-+-+-+-+-+
```

Figura 2.24: Format del camp *Question* dels missatges DNS.

```
0 1 2 3 4 5 6 7 8 9 0 1 2 3 4 5 6 7 8 bytes
+-+-+-+-+-+-+-+-+-+-+-+-+-+-+-+-+-+-+-+
|6|r|o|g|e|n|t|2|a|c|3|u|p|c|3|e|d|u|0|
+-+-+-+-+-+-+-+-+-+-+-+-+-+-+-+-+-+-+-+
```

Figura 2.25: Exemple de codificació del nom `rogent.ac.upc.edu` en el camp QName.

Resource Records

Els camps *Answer*, *Authority* i *Additional* estan formats per seqüències d'un o més *Resource Records* (RRs). La figura 2.26 mostra el format d'un RR:

- Els tres primers camps (*Name*, *Type* i *Class*) tenen el mateix significat que en el camp *Question*.

- TTL (*Time To Live*): És el nombre de segons que es pot guardar el RR en la cache.

- *RDLenth*: Mida del camp Rdata.

- *RData*: És l'adreça IP si el RR és del tipus A, o el nom de l'autoritat si és del tipus NS.

```
0 1 2 3 4 5 6 7 8 9 0 1 2 3 4 5 6 7 8 9 0 1 2 3 4 5 6 7 8 9 0 1 bits
+-+-+-+-+-+-+-+-+-+-+-+-+-+-+-+-+-+-+-+-+-+-+-+-+-+-+-+-+-+-+-+-+
/                          Name (variable)                      /
+-+-+-+-+-+-+-+-+-+-+-+-+-+-+-+-+-+-+-+-+-+-+-+-+-+-+-+-+-+-+-+-+
|            Type              |            Class               |
+-+-+-+-+-+-+-+-+-+-+-+-+-+-+-+-+-+-+-+-+-+-+-+-+-+-+-+-+-+-+-+-+
|                             TTL                               |
+-+-+-+-+-+-+-+-+-+-+-+-+-+-+-+-+-+-+-+-+-+-+-+-+-+-+-+-+-+-+-+-+
|          RDLenth             |         RData (variable)       /
+-+-+-+-+-+-+-+-+-+-+-+-+-+-+-+-+-+-+-+-+-+-+-+-+-+-+-+-+-+-+-+-+
```

Figura 2.26: Format d'un *Resource Record*.

Exemple

L'exemple de la figura 2.27 il·lustra els missatges DNS intercanviats a l'executar la comanda:

`nslookup ns.uu.net`

```
1  # tcpdump -s200 -vvpni eth0 port 53
2  tcpdump: listening on eth0, link-type EN10MB (Ethernet), capture size 200 bytes
3  11:17:30.769328 IP (length: 55) 147.83.30.137.1042 > 147.83.30.70.53:
4  36388+ A? ns.uu.net. (27)
5  11:17:30.771324 IP (length: 145) 147.83.30.70.53 > 147.83.30.137.1042:
6  36388 q: A? ns.uu.net. 1/2/2 ns.uu.net. A 137.39.1.3
7  ns: ns.uu.net. NS auth00.ns.uu.net., ns.uu.net. NS auth60.ns.uu.net.
8  ar: auth00.ns.uu.net. A 198.6.1.65, auth60.ns.uu.net. A 198.6.1.181 (117)
```

Figura 2.27: Exemple dels missatges DNS.

La comanda `nslookup` serveix per interactuar amb el servidor DNS. En l'exemple anterior, on es passa com argument un nom, `nslookup` envia un missatge de *query* al servidor per resoldre el nom.

En el bolcat de la figura s'han afegit números de línia. Hi ha dos missatges DNS: un de *query* (línies 3–4) i un de *response* (línies 5–8). El datagrama amb el missatge de *query* té 55 bytes (20 de la capçalera IP, 8 de capçalera UDP i 27 del missatge DNS). El de *response* té un missatge DNS de 117 bytes. La interpretació del missatge de *query* és:

- `36388`: Identificador del missatge.

- `+`: Indica que el flag de *Recursion-Desired* està activat.

- `A?`: Indica que el QType és del tipus `Address`.

- `ns.uu.net.`: És el nom que es vol resoldre.

La interpretació del missatge de *reponse* és:

- `36388`: Identificador del missatge.

- `q:  A? ns.uu.net.`: Repeteix el camp `Question` del missatge de *query*.

- `1/2/2`: Indica que segueixen 1 *Answers*, 2 *Authorities*, 2 *Additional*.

- `ns.uu.net.  A 137.39.1.3`: És la resposta (un RR del tipus A), indica que l'adreça IP demanada és `137.39.1.3`

- `ns: ns.uu.net.  NS auth00.ns.uu.net., ns.uu.net.  NS auth60.ns.uu.net.`: Són les 2 *Authorities* (dos RRs del tipus NS). Indiquen que els noms de les autoritats del domini `ns.uu.net.` són `auth00.ns.uu.net.` i `auth60.ns.uu.net.`

- ar: auth00.ns.uu.net. A 198.6.1.65, auth60.ns.uu.net. A 198.6.1.181: Són les 2 *Additional* (dos RRs del tipus A). Indiquen que les adreces IP dels noms de les autoritats són 198.6.1.65 i 198.6.1.181

2.10   Algorismes d'encaminament

Tenen per objectiu afegir entrades a les taules d'encaminament. Poden ser:

1. Estàtics: són aquelles entrades que s'afegeixen manualment o mitjançant scripts o protocols de configuració (com DHCP). Una vegada establertes no canvien el seu valor (d'aquí el nom "d'entrades estàtiques").

2. Adaptatius: en aquest cas hi ha un "protocol d'encaminament" (*routing protocol*) encarregat de calcular i afegir entrades a les taules. El protocol s'estableix entre els routers, els quals s'intercanvien informació relativa a la topologia de la xarxa perquè s'afegeixin entrades a les taules d'encaminament de forma automàtica. Si la topologia de la xarxa canvia (s'afegeixen o es donen de baixa noves xarxes) els protocols d'encaminament actualitzen automàticament les taules.

Hi ha diferents tipus de protocols d'encaminament adaptatius. Per a classificar-los és convenient introduir el concepte de "sistema autònom" (*Autonomous System*, AS) [41], que s'explica tot seguit:

1. *Interior Gateway Protocol* (IGP): El protocol d'encaminament s'estableix entre els routers d'un mateix AS.

2. *Exterior Gateway Protocol* (EGP): El protocol d'encaminament s'estableix entre els routers de diferents ASs.

Els protocols IGP podríem dir que tenen com a objectiu el "millor encaminament possible". Per això fan servir una "mètrica" per avaluar el cost d'una ruta, i a l'hora de calcular les entrades de les taules ho fan de manera que les mètriques siguin les mínimes. És a dir, que les entrades que permeten arribar a les diferents destinacions siguin les òptimes. D'entre els protocols IGP que més es fan servir en la pràctica cal destacar: *Routing Information Protocol* (RIP), que estudiarem en la pròxima secció; *Open Shortest Path First* (OSPF) o el protocol propietari de CISCO: *Interior Gateway Routing Protocol* (IGRP).

En el cas dels EGP, hi ha altres condicions de tipus comercial que es tenen en compte a l'hora de calcular les rutes. Per exemple, segons les relacions comercials que hi ha entre dos ISPs, pot passar que un d'ells no desitgi encaminar tràfic de l'altre ISP cap a una certa destinació. Per això, els protocols EGP fan servir "polítiques d'encaminament" (*routing policies* [29]) per intercanviar-se informació i decidir les entrades que s'afegeixen en les taules d'encaminament. D'aquesta manera, es defineix un AS com a la interconnexió d'un conjunt de xarxes amb una mateixa "política d'encaminament" (vegeu el RFC [41]). El protocol EGP que s'ha convertit en l'estàndard "de facto" a Internet és *Border Gateway Protocol* (BGP).

2.10.1   Routing Information Protocol (RIP) – RFC 2453 [49]

Les característiques d'aquest protocol són:

- La mètrica és el nombre de salts (xarxes) fins a la destinació: 1 si la destinació és una xarxa directament connectada, 2 si s'ha que passar per un router, etc.

- Els routers envien periòdicament (cada 30 segons) un missatge RIP amb les destinacions i mètriques conegudes. Aquest missatge s'envia amb UDP, amb port font i destinació 520. El missatge s'envia amb adreça destinació broadcast per cada interfície on es vulgui fer servir RIP.

- Si es deixen de rebre missatges RIP d'un router veí (durant 180 segons), aleshores s'assumeix que el router veí ha "caigut" i les entrades que el fan servir com a *gateway* es posen amb "mètrica infinit" (per marcar les destinacions com inaccessibles).

- La mètrica infinit val 16.

- RIP versió 2 afegeix les següent modificacions: S'afegeix la màscara a les destinacions (en RIP versió 1 no s'envien les màscares i, per tant, no poden ser variables). En RIP versió 2 també es pot fer servir opcionalment l'adreça destinació multicast `224.0.0.9` (*all RIPv2 routers* [36]), en comptes de l'adreça de *broadcast*.

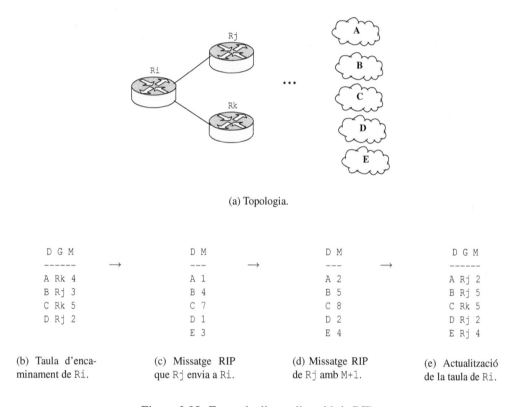

(a) Topologia.

```
   D G M                  D M                   D M                   D G M
  ------       →          ---         →         ---         →        ------
  A Rk 4                  A 1                    A 2                   A Rj 2
  B Rj 3                  B 4                    B 5                   B Rj 5
  C Rk 5                  C 7                    C 8                   C Rk 5
  D Rj 2                  D 1                    D 2                   D Rj 2
                          E 3                    E 4                   E Rj 4
```

(b) Taula d'enca-   (c) Missatge RIP   (d) Missatge RIP   (e) Actualització
minament de Ri.   que Rj envia a Ri.   de Rj amb M+1.   de la taula de Ri.

Figura 2.28: Exemple d'actualització de RIP.

Les taules d'encaminament s'actualitzen com mostra el següent exemple. L'algorisme s'anomena Bellman-Ford (o *distance vector algorithm*). Suposem la topologia de la figura 2.28(a). Suposem que el Router Ri té la taula d'encaminament de la figura 2.28(b). Per simplicitat, farem servir noms en comptes d'adreces IP i màscares. En les taules, D es refereix a la destinació, G al *gateway* i M a la mètrica. Suposem ara que el router Rj envia el missatge de la figura 2.28(c). Quan Ri rep el missatge de Rj primer incrementa les mètriques amb 1, tal com mostra la figura 2.28(d). Aquesta mètrica incrementada és la que costaria a Ri arribar a les destinacions a través de Rj. Després compara les destinacions amb les que té a la taula:

- Si la mètrica és menor, com passa per a la destinació A, canvia l'entrada fent servir Rj.

- Si feia servir el mateix *gateway*, posa sempre la nova mètrica, encara que sigui major, com passa per a la destinació B. Això voldria dir que hi ha hagut un canvi de topologia i que fent servir el mateix *gateway* passa a costar més arribar a la destinació.

- Si la mètrica és major que fent servir un altre *gateway* (com passa per a la destinació C), aleshores no es canvia.

- Si hi ha una nova destinació (com passa amb la destinació E), s'afegeix a la taula.

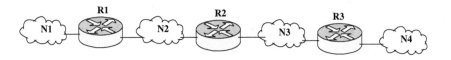

(a) Topologia.

```
        R1                  R2                  R3
    D  G   M            D  G   M            D  G   M
    ------              ------              ------
    N1 *   1            N1 R1  2            N1 R2  3
    N2 *   1            N2 *   1            N2 R2  2
    N3 R2  2            N3 *   1            N3 *   1
    N4 R2  3            N4 R2  2            N4 *   1
```

(b) Taules d'encaminament dels routers.

```
         G  M   Cau   G  M   Envia   G  M   Envia   G  M   Envia   G  M   ...   G  M
         ----   R3    ----   R1      ----   R2      ----   R1      ----   ...   ----
    R1:  R2 3    →    R2 3    →      R2 3    →      R2 5    →      R2 5   ...   R2 16
    R2:  R3 2    →    R3 16   →      R1 4    →      R1 4    →      R1 6   ...   R1 16
```

(c) Evolució de l'entrada D=N4 quan cau R3.

Figura 2.29: Exemple del *count to infinity*.

Count to infinity

El principal problema de RIP és el temps de convergència: És a dir, el temps que passa des que hi ha un canvi en la topologia de la xarxa fins que les taules d'encaminament s'estabilitzen. Aquest temps de convergència en alguns casos pot ser especialment gran, com mostra el següent exemple. Suposem la xarxa de la figura 2.29(a). Quan s'ha assolit la convergència, els routers tindran les taules que mostra la figura 2.29(b). Suposem ara que el router R3 es queda penjat, que R2 ho detecta, però que al mateix temps R1 envia el seu missatge RIP. La figura 2.29(c) mostra com evolucionaria l'entrada amb destinació D=N4 en les taules dels routers R1 i R2. Quan R2 detecta que R3 deixa d'enviar missatges RIP, posa la destinació D=N4 amb mètrica infinit (M=16). Si en aquest moment R1 envia la taula, aleshores R2 es pensa que pot arribar a la destinació D=N4 a través de R1 i posa en la seva taula que pot arribar a D=N4 a través de R1 amb mètrica M=3. A mesura que R1 i R2 es van enviant missatges RIP, l'entrada convergeix fins a la mètrica infinit.

Split horizon

El problema de l'exemple anterior s'ha produït perquè R2 ha pensat que podia arribar a la destinació D=N4 a través de R1, quan en realitat R1 necessita R2 per arribar a D=N4. Per resoldre aquest problema RIP modifica els missatges de forma que quan fa un broadcast en una interfície, elimina les entrades que tinguin un *gateway* en la mateixa interfície. Aquesta tècnica es coneix com *Split horizon*. En l'exemple anterior, si s'hagués fet servir *Split horizon* R1 no hauria enviat l'entrada D=N4 al fer el broadcast del missatge RIP en la interfície on hi ha R2. D'aquesta manera, R2 no hauria pensat que pot arribar a D=N4 a través de R1. A continuació, quan R2 hagués enviat el missatge RIP cap a l'interfície on hi ha R1, R2 sí que posaria l'entrada {D=N4, M=16} i R1 actualitzaria correctament la seva taula.

L'*Split horizon* no resol completament el problema del *count to infinity* de RIP. Es poden trobar exemples de topologies més complexes que la de l'exemple anterior, on continuaria apareixent el *count to infinity* tot i fer servir el *Split horizon*. Una modificació que en alguns casos pot reduir encara més aquest problema consisteix a enviar les entrades que tinguin un *gateway* en la mateixa interfície on s'envia el missatge RIP posant mètrica infinit. En aquest cas es parla de *Split horizon with poisoned reverse*.

Finalment, per accelerar encara més la convergència, quan canvia la mètrica d'una entrada, RIP envia immediatament el missatge RIP sense esperar el període de 30 segons. Aquesta tècnica es coneix com a *triggered updates*.

2.10.2 Open Shortest Path First (OSPF) – RFC 2328 [47]

Per a xarxes petites se sol fer servir RIP per la seva senzillesa. Per a xarxes grans i amb canvis de topologia freqüents, el problema de convergència de RIP pot ser un inconvenient. En aquest cas sol fer-se servir OSPF, que té una convergència molt més ràpida que RIP. El funcionament bàsic d'OSPF és el següent:

- Els routers mantenen una base de dades amb l'estat de tota la xarxa (*link state data-base*).

- Cada router monitoritza les xarxes directament connectades i dels seus veïns. Aquesta informació s'envia a la resta de routers de la xarxa (*Link State Advertisements*, LSA). A diferència de RIP no envia totes les destinacions, sinó només les directament connectades.

- Els LSA necessiten un encaminament especial perquè arribin a tots els altres routers de la xarxa. Aquest encaminament s'anomena *flooding* i consisteix a enviar els LSA per totes les interfícies, excepte la d'on ha arribat. Com adreça destinació es fa servir l'adreça *multicast All OSPF Routers* (224.0.0.5).

- Els missatges OSPF van encapsulats directament sobre IP (no fan servir TCP/UDP), amb camp protocol d'IP igual a 89.

- A diferència de RIP, els missatges LSA no s'envien periòdicament, altrament només quan es produeix algun canvi o si es rep un missatge *Link State Request*.

- A més dels missatges LSA, els routers executen un protocol de *hello* per descobrir i mantenir la relació dels routers veïns. El protocol de *hello* envia missatges *multicast All OSPF Routers* periòdicament per totes les interfícies. Si un router "cau", els veïns ho detecten per l'absència dels missatges de *hello*.

- Tots els routers guarden la informació rebuda en el *link state data-base* i fan servir l'algorisme *Shortest Path First* (anomenat també algorisme de Dijkstra) per calcular les taules d'encaminament òptimes.

- La mètrica es calcula en funció de les velocitats de transmissió, retards, etc. Té, per tant, un significat molt més acurat que en RIP.

- OSPF no té el problema de *count to infinity* de RIP i, per tant, no s'ha de fer servir una mètrica petita per a la mètrica infinit.

2.10.3   Border Gateway Protocol (BGP) – RFC 1771 [38], 1772 [39]

BGP és un protocol d'encaminament EGP, és a dir, es fa servir entre sistemes autònoms (ASs).

Cada AS té un identificador únic de 16 bits anomenat *Autonomous System Number* (ASN). IANA ha assignat blocs d'ASN als Regional Internet Registries (RIR), que a la vegada els distribueixen als ISPs. Aquests blocs es poden consultar en

```
http://www.iana.org/assignments/as-numbers
```

un AS pot ser un ISP (o conjunt d'ISPs) i els seus abonats. El conjunt de prefixos de xarxa que administren estan identificats pel seu ASN. La informació d'encaminament intercanviada per BGP fa servir els ASNs. El tràfic en un AS es classifica en:

- Tràfic local (*local traffic*): És el tràfic que s'origina o acaba en el AS.

- Tràfic de trànsit (*transit traffic*): En cas contrari.

En funció del tipus de tràfic d'un AS, BGP defineix el model topològic de la figura 2.30:

- *stub AS*: AS que només té una connexió a un altre AS. Òbviament, només té tràfic local.

- *multihomed AS*: AS que té connexions a més d'un AS, però que només porta tràfic local (típicament, les múltiples connexions es tenen per tolerància a falles).

- *transit AS*: AS que té connexions a més d'un AS i que suporta tràfic de trànsit (sota certes *routing policies*).

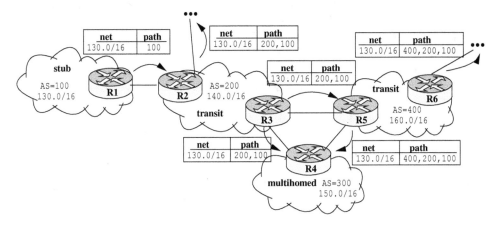

Figura 2.30: Model topològic de BGP i propagació de la destinació `130.0/16`.

El funcionament bàsic de BGP és el següent:

- Entre cada parell de routers BGP veïns (*BGP peers*) s'estableix una connexió punt a punt (TCP) al port 179.

- Cada router BGP envia als seus veïns les xarxes destinació per a les quals vol encaminar tràfic (de forma anàloga a RIP). Per a cada xarxa destinació, BGP envia la llista d'ASN pels que s'ha que passar per arribar-hi. La llista d'AS que s'ha que passar per arribar a una destinació permet a BGP evitar bucles i el problema de *count to infinity* que té RIP. Per exemple, si un enllaç entre dos AS cau, BGP no triarà un camí alternatiu que també tingui aquest enllaç.

La figura 2.30 mostra un exemple dels missatges de BGP. El router R1 envia a R2 la destinació `130.0/16` amb el path `100`. Quan aquest missatge arriba al router R2, aquest el distribueix als altres routers del mateix AS, i tots ells l'envien als seus *peers* d'altres ASs afegint el seu ASN al *path* (és a dir, el path passa a ser `200,100`).

- Amb els missatges que s'intercanvien, els routers BGP van aprenent els ASN i les possibles destinacions d'Internet. Els missatges BGP també tenen altres atributs que depenen de les *routing policies*. També es fan servir mecanismes d'agregació de rutes per reduir el nombre de destinacions possibles. Els routers BGP guarden la informació que reben dels seus *peers* en una *Routing Information Base* (RIB). Amb tota aquesta informació BGP calcula les entrades que s'afegeixen a la taula d'encaminament.

2.11 Seguretat en Xarxes IP

Hi ha molts motius, entre ells legals, pels que és necessari introduir polítiques de seguretat en els negocis que fan servir Internet. Típicament, els objectius de la seguretat en una xarxa són:

- Confidencialitat: Protecció de l'accés no autoritzat a dades.

- Integritat: Protecció de la modificació no autoritzada de dades.

- Disponibilitat: Garantia de funcionament dels serveis.

Les vulnerabilitats d'una xarxa poden tenir diferents orígens:

- Tecnològics: Deguts als protocols (TCP/IP), sistemes operatius, equips de la xarxa (hubs)...

- De configuració: Servidors "massa permissius", comptes insegurs (anonymous), llistes d'accés mal configurades ...

- Falta de polítiques de seguretat: Utilitzar aplicacions poc segures, passwords fàcils d'endevinar, absència de proteccions (*firewalls*) etc. El RFC 2196 [46] pretén ser una guia de polítiques de seguretat.

Els tipus d'atacs poden ser:

- De reconeixement: Té com a objectiu trobar les vulnerabilitats de la xarxa i és el pas previ a un atac. Els passos solen ser:

  - Descobrir les adreces IP de la xarxa accessibles (amb pings).
  - Descobrir els ports "vius" (servidors) en cada adreça.
  - Connectar-se als servidors per descobrir els tipus, versions i sistemes operatius del sistema.

  Un altre mecanisme de reconeixement és l'*eavesdropping* (que es podria traduir per "escoltar darrera de les portes"). Aquest mecanisme consisteix a capturar datagrames IP i decodificar el contingut.

- Accés: Accés d'un intrús a un compte o servei.

- Denegació de servei (*Denial of Service*, DoS): Té com a objectiu deshabilitar o corrompre un servei o xarxa perquè no hi puguin accedir els usuaris legítims.

- Cucs *worms*, virus i cavalls de Troia (*Trojan horses*): Software maliciós que s'autoreplica, danya o corromp el sistema atacat.

A continuació hi ha una introducció a dues eines bàsiques per introduir seguretat en una xarxa: *Firewalls* i "Xarxes privades virtuals" (*Virtual Private Networks*, VPN).

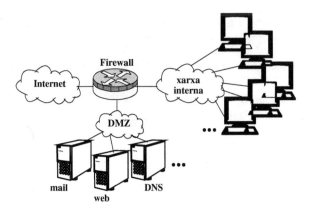

Figura 2.31: Topologia senzilla amb un *firewall*.

2.11.1 Firewalls

Un *firewall* (tallafocs) és genèricament un dispositiu que separa una xarxa que es desitja protegir, on hi ha els possibles "intrusos" (típicament la resta d'Internet). El nom de tallafocs ve de l'analogia amb aquests dispositius, fets de materials ignífugs, que impedeixen la propagació del foc en cas d'incendi.

Hi ha diferents tipus de *firewalls*: Des dels més senzills que simplement filtren segons les adreces IP o ports fins a altres que són capaços de seguir i filtrar segons l'estat de les connexions i el tipus de missatges del nivell d'aplicació.

La figura 2.31 mostra una possible configuració per a una xarxa d'una oficina o petita empresa. Per referir-se a aquest tipus de xarxa a vegades es fa servir l'acrònim SOHO (*Small Office – Home Office*) o "xarxa corporativa" (*corporate network*). En la xarxa hi ha una zona anomenada DMZ (*De-Militarized Zone*). DMZ és un terme militar que es fa servir per identificar una zona neutral entre dos bàndols en conflicte. Anàlogament, en la zona DMZ hi ha els únics *hosts* (típicament servidors) que es desitja siguin accessibles des de l'exterior. Típicament el *firewal* restringeix l'accés des de l'exterior a la DMZ, i només a alguns ports dels servidors. Les eines bàsiques són:

- En la xarxa interior es fan servir adreces privades. El *firewall* fa servir NAT perquè els *hosts* de la xarxa interior puguin accedir a l'exterior.

- El *firewall* filtra els paquets que vénen de l'exterior i no compleixen certes condicions. El filtrat es fa amb "llistes de control d'accés" (*Access Control List*, ACL). Les ACL s'apliquen a l'entrada o sortida d'una interfície. Si hi ha definida una ACL, tots els datagrames es comparen amb les regles de l'ACL. Quan es compleix alguna de les regles, el datagrama s'accepta o es descarta. Les regles d'una ACL es llegeixen en seqüència i es deixen de mirar quan es compleix alguna de les regles. Per exemple, en la interfície d'entrada de la DMZ hi podria haver la següent ACL:

IP-origen	IP-destí.	Port-origen	Port-destí.	Acció
any	200.200.10.10/32	*any*	80	*accept*
any	*any*	< 1024	≥ 1024	*accept*
any	*any*	*any*	*any*	*deny*

1. Deixa passar els datagrames amb adreça destinació 200.200.10.10 i port 80.

2. Descarta tot.

On la paraula *any* identifica qualsevol adreça/port. El resultat d'aquesta ACL és: Només es pot accedir al servidor de web (port 80) del servidor 200.200.10.10. Amb qualsevol altra adreça destinació o port la primera regla no es compliria i es passaria a executar la segona. La segona regla deixa passar els datagrames que pertanyen a les connexions ja establertes: Tenen com a port port

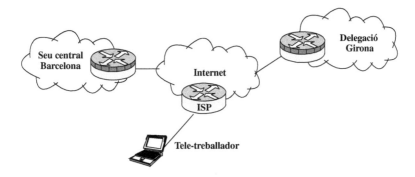

Figura 2.32: Exemple de VPN.

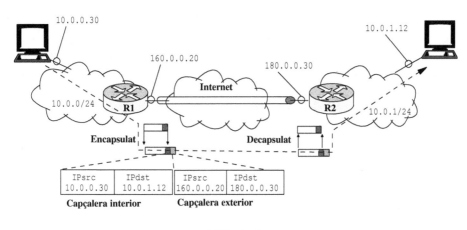

(a) Topologia.

```
Destination   Gateway   Genmask         Iface
10.0.0.0      0.0.0.0   255.255.255.0   eth0
10.0.1.0      0.0.0.0   255.255.255.0   tun10
0.0.0.0       0.0.0.0   0.0.0.0         ppp0
```

(b) Taula d'encaminament de R1.

Figura 2.33: Exemple de túnel.

origen un port *well known* (< 1024), i port destinació un port efímer (≥ 1024). Finalment, l'última regla ho descarta tot.

2.11.2 Xarxes privades virtuals

L'objectiu d'una xarxa privada virtual (*Virtual Private Network*, VPN) és el de proveir connectivitat als usuaris remots (*Remote Access VPNs*) o xarxes remotes (*LAN-to-LAN VPNs*) com si estiguessin connectats a la xarxa interna. La figura 2.32 en mostra un exemple. Les xarxes de les dues delegacions i el "tele-treballador" estan en punts geogràfics distants, però tenen accés a la xarxa com si estiguessin connectats a la mateixa LAN. Una solució alternativa per interconnectar les diferents xarxes o accessos remots és l'ús de línies d'operadors de telecomunicacions. Els operadors ofereixen diferents tecnologies per aquest tipus d'interconnexions: La xarxa telefònica, RSDI, *Frame Relay* o *ATM* en són alguns exemples. Per exemple, el tele-treballador podria fer servir un modem i la xarxa telefònica per trucar directament a una delegació i així tenir connectivitat sense passar per Internet. De forma anàloga, les dues delegacions també podrien estar connectades per una línia llogada *Frame Relay*. Aquest tipus de connexions, però, són bastant cares i, tanmateix, possiblement les xarxes desitgin tenir connexió a Internet.

El repte d'una VPN és la seguretat. És a dir, aconseguir que l'accés a la xarxa interna sigui només possible als usuaris o xarxes autoritzades. Per aconseguir aquest objectiu les VPNs solen fer servir les tècniques següents:

- Autentificació: Per reconèixer els usuaris autoritzats.

- Encriptació: Per evitar l'*eavesdropping*.

- Túnels: Per aïllar els enllaços remots de la resta d'Internet.

La figura 2.33 mostra un exemple de túnel. La figura 2.33(a) mostra la topologia i la figura 2.33(b) mostra la taula d'encaminament del router R1. El túnel en aquest exemple apareix identificat pel dispositiu tun10. R1 encamina els datagrames dirigits a la xarxa 10.0.1.0 cap al túnel (vegeu la figura 2.33(b),). A l'entrada del túnel els datagrames s'encapsulen afegint una nova capçalera IP amb les adreces dels extrems del túnel. A la sortida del túnel els datagrames es desencapsulen, és a dir, s'elimina la capçalera externa i s'encaminen segons l'adreça destinació de la capçalera interna.

En la pràctica hi ha diferents protocols que permeten assolir els objectius d'una VPN. Alguns d'ells són:

- *IP over IP* (RFC 2003 [42]): Túnel amb un encapsulament bàsic d'un datagrama IP dintre d'un altra datagrama IP (com el que mostra la figura 2.33).

- *Generic Routing Encapsulation*, GRE (RFC 1701 [37]): Túnel on s'afegeix una capçalera addicional, entre la capçalera IP externa i la interna, que permet altres funcionalitats com ara encapsular protocols diferents d'IP.

- *Point-to-Point Tunneling Protocol* (PPTP), (RFC 2637 [51]): Túnel que té com a objectiu estendre la funcionalitat d'un enllaç ppp entre dos routers remots d'una VPN.

- IPsec (RFC 2401 [48]): Els túnels anteriors no estan encriptats i típicament es fan servir conjuntament amb altres protocols que encripten el canal, com ara ssh. IPsec pretén ser la solució estàndard per implementar autentificació i encriptació a nivell IP.

Tema 3

Protocols punt-a-punt, el protocol TCP

L'objectiu d'aquest tema és l'estudi del *Transmission Control Protocol* (TCP) d'Internet. TCP és un dels protocols amb més complexitat que es fa servir a Internet. Per això, abans d'abordar el seu estudi, veurem alguns algorismes bàsics relacionats amb TCP: Els algorismes *Automatic Repeat reQuest* (ARQ). Els algorismes ARQ els podem trobar en protocols que, com TCP, estan distribuïts entre dues entitats o "punts", d'aquí el seu nom de protocols "punt-a-punt". Aquest nom es fa servir per contraposició a altres algorismes distribuïts en més d'un punt, com ara els algorismes multiaccés que es fan servir en les LANs, i que estudiarem en el tema 4.

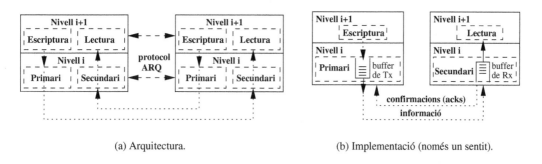

(a) Arquitectura.   (b) Implementació (només un sentit).

Figura 3.1: Arquitectura i implementació d'un protocol ARQ.

3.1   Protocols ARQ bàsics

L'objectiu dels protocols ARQ és aconseguir un canal de comunicació fiable, és a dir, que la informació transmesa arribi sense errors, sense duplicacions i en el mateix ordre en què s'envia. La figura 3.1 mostra els ingredients d'un protocol ARQ. Típicament, desitjarem que el canal sigui bidireccional, vegeu la figura 3.1(a): En cada un dels nivells que implementen el protocol hi ha una entitat que transmet informació (que anomenarem "primari") i una que la consumeix (que anomenarem "secundari").

El principi de funcionament dels protocols ARQ es basa en la retransmissió de la informació que no arribi o que arribi amb errors al secundari. Perquè el primari sàpiga si la informació ha arribat correctament, el secundari envia confirmacions (*acknowledgments*, o acks per abreujar) al primari. La figura 3.1(b) mostra els elements bàsics de la implementació d'un protocol ARQ. En el primari hi ha un "*buffer* de transmissió" on es guarda tota la informació que s'ha enviat i que encara no ha estat confirmada pel secundari. A mesura que hi ha espai lliure en el *buffer* de transmissió, el primari deixa que el nivell superior hi escrigui, per tenir informació llesta per enviar al secundari. En cas d'error, el primari pot retransmetre la informació perquè la té emmagatzemada en el *buffer* de transmissió. A mesura que arriben confirmacions del secundari, el primari esborra la informació confirmada del *buffer* de transmissió. El secundari té un *buffer* de recepció on guarda la informació rebuda fins que la llegeix el nivell superior.

Altres ingredients que formen part dels algorismes ARQ són els següents:

- **Números de seqüència**: Com veurem més endavant, per poder relacionar els missatges d'informació i les seves corresponents confirmacions, cal fer servir "números de seqüència".

- **Protocol orientat a la connexió** (*connection oriented*): Es diu que un protocol és orientat a la connexió quan té una fase inicial "d'establiment de la connexió" i una fase final de "terminació". En aquestes fases s'envien missatges de senyalització que serveixen per reservar recursos i deixar el protocol en una fase inicial coneguda. Si aquestes fases no hi són, es diu que el protocol és "no orientat a la connexió" (*connectionless*). Durant l'explicació que farem dels protocols ARQ, suposarem que la connexió ja està establerta.

Hi ha tres algorismes ARQ bàsics que estudiarem en les pròximes seccions. Per ordre de complexitat són:

- *Stop and wait.*
- *Go back N.*
- Retransmissió selectiva (*Selective retransmission*).

El nivell que implementa el protocol ARQ no té per què ser el de transport (com és el cas de TCP). En la pràctica podem trobar protocols d'altres nivells (típicament d'enllaç) que implementen un algorisme ARQ. Així doncs, farem servir el terme genèric de PDU (*Protocol Data Unit*) per referir-nos als missatges intercanviats pel protocol. En concret, per analitzar els algorismes ARQ bàsics anteriors, farem servir la següent notació: Amb I_k ens referirem a la PDU d'informació k enviada pel primari, i amb A_k ens referirem a la seva confirmació.

3.1.1 Stop and wait

El principi de funcionament d'*stop and wait* és: "Transmetre una PDU d'informació i esperar que es confirmi abans de transmetre'n una de nova". Hi ha diverses maneres d'implementar aquest principi. Nosaltres suposarem l'algorisme que es detalla a continuació. Per explicar-ho, suposarem la topologia senzilla de la figura 3.2 i ens ajudarem del diagrama de temps de la figura 3.3. La topologia està formada per un primari i un secundari connectats per un cable de D km de distància i velocitat de transmissió de v_t bps. La velocitat de propagació del senyal elèctric en el cable és de v_p m/s. Els events que mostra la figura 3.3(a) són els següents:

- El nivell superior escriu la informació que s'ha de transmetre. En un temps de procés que suposarem 0, el primari "ensambla" la PDU d'informació I_k de L_t bits amb aquesta informació, la guarda en el *buffer* de transmissió i la passa al nivell inferior per a la seva transmissió.

- La transmissió comença immediatament i dura un temps $t_t[\text{segons}] = L_t[\text{bits}]/v_t[\text{bps}]$.

- Els temps de propagació de cada bit que es transmet dura $t_p[\text{segons}] = D[\text{m}]/v_p[\text{m/s}]$. Si és el buit, $v_p \approx 3 \times 10^8[\text{m/s}]$. En un conductor, $v_p \approx 2 \times 10^8[\text{m/s}]$.

- Quan arriba l'últim bit de I_k al secundari, el nivell superior llegeix la informació rebuda en un "temps de procés" que suposarem igual a 0 i el secundari envia la confirmació A_k. Si la mida de la confirmació és de L_a bits, el temps de transmissió de la confirmació serà de $t_a[\text{segons}] = L_a[\text{bits}]/v_t[\text{bps}]$. Normalment, la mida de la PDU amb les confirmacions (L_a) és molt menor que la de les PDUs d'informació (L_t) per tant, $t_a \ll t_t$.

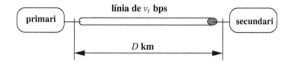

Figura 3.2: Topologia senzilla que suposarem per explicar els protocols ARQ.

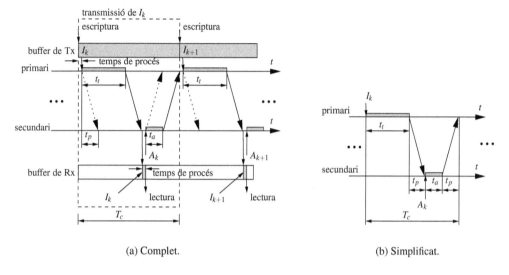

(a) Complet.

(b) Simplificat.

Figura 3.3: Diagrama de temps del protocol *stop and wait*.

- Els bits de la confirmació tarden un temps t_p a arribar al primari. Quan arriba l'últim bit de la confirmació, el primari esborra I_k del *buffer* de transmissió i repeteix el procés per a una nova PDU (I_{k+1}).

Per representar el diagrama de temps de la figura 3.3(a) farem servir el diagrama simplificat de la figura 3.3(b): És a dir, representarem només els instants en què es comença i acaba de transmetre la PDU, i els instants on es rep l'últim bit de la PDU.

3.1.1.1 Retransmissions amb stop and wait

En cas d'error suposarem el diagrama de temps de la figura 3.4. Cada vegada que el primari envia una PDU, activa un temporitzador (T_O en la figura). Si el temporitzador "salta" sense haver rebut la confirmació (en anglès es diu que es produeix un *time-out*), aleshores el primari retransmet la PDU. D'aquesta manera, si la PDU I_k es perd (no arriba al secundari), o arriba amb errors (i el secundari la descarta), saltarà el *time-out* i el primari retransmetrà la PDU.

3.1.1.2 Necessitat dels números de seqüència

Tal com s'ha introduït en la secció 3.1, els protocols ARQ necessiten un número de seqüència per poder relacionar les PDUs d'informació i les confirmacions. Aquest número de seqüència en la pràctica és un dels camps de la capçalera que afegeix el protocol. A continuació veurem un exemple que intenta justificar la necessitat d'afegir el número de seqüència tant en les PDUs d'informació com en les confirmacions.

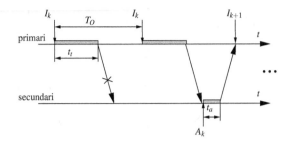

Figura 3.4: *Stop and wait* amb errors.

PDUs d'informació. Considerem l'exemple de la figura 3.5(a). La confirmació es perd i el primari retransmet la PDU I_k. Si la PDU no portés número de seqüència, el secundari no tindria manera de detectar la recepció duplicada de la PDU I_k.

PDUs de confirmació. Considerem l'exemple de la figura 3.5(b). Ara suposem que el temps de procés del secundari no és zero. Per contra, suposem que és anormalment gran, i el primari retransmet la PDU I_k abans de rebre la confirmació A_k. Això podria passar, per exemple, si el secundari és una estació multitasca molt carregada, de forma que el procés que llegeix el secundari només rep atenció després d'un temps significatiu. D'aquesta manera, el nivell que hi ha per sobre del secundari no llegeix les PDUs immediatament després d'estar disponibles, sinó quan ha passat un cert temps. Si les confirmacions no portessin número de seqüència, el primari no detectaria la recepció de la confirmació duplicada. Per exemple, en la figura 3.5(b) el primari podria interpretar que es confirma I_{k+1} i transmetre I_{k+2}, de manera que I_{k+1} es perdria.

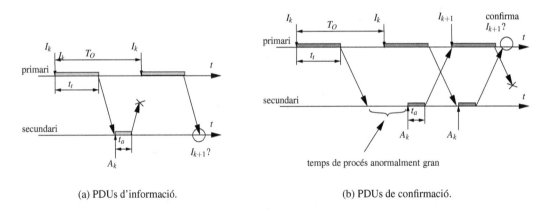

(a) PDUs d'informació.   (b) PDUs de confirmació.

Figura 3.5: Necessitat dels números de seqüència en les PDUs d'*stop and wait*.

3.1.1.3 Eficiència del protocol stop and wait

Considerem la figura 3.3(b). Calculant l'eficiència del protocol com el temps que transmet una PDU d'informació (t_t en la figura), respecte el temps total que es necessita com a mínim per transmetre-la (T_c en la figura), tenim que:

$$E = \frac{t_t}{T_c} = \frac{t_t}{t_t + t_a + 2t_p} \approx \frac{t_t}{t_t + 2t_p} = \frac{1}{1 + 2a}, \text{ on } a = \frac{t_p}{t_t} \tag{3.1}$$

Observem que s'ha fet l'aproximació que el temps de transmissió de les PDUs de confirmació és molt menor que el temps de transmissió de les PDUs d'informació. La figura 3.6 mostra l'eficiència del protocol en funció del paràmetre $a = t_p/t_t$. La conclusió és que si a és molt petit (t_p és molt més petit que t_t), aleshores l'eficiència és pròxima al 100 %. Altrament, l'eficiència decreix ràpidament (quan $t_p = t_t$ $E \approx 30$ %).

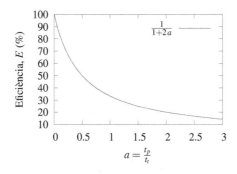

Figura 3.6: Eficiència d'*stop and wait*.

3.1.2 Protocols de transmissió contínua

En la secció anterior hem vist que el protocol *stop and wait* pot ser molt ineficient si no es compleix que el temps de propagació (t_p) és molt més petit que el temps de transmissió de les PDUs (t_t). Els protocols de transmissió contínua resolen aquest problema deixant que el primari enviï més d'una PDU sense confirmar. La figura 3.7 mostra el funcionament de transmissió contínua. Cada vegada que es transmet una PDU d'informació, es guarda en el *buffer* de transmissió (per si s'ha de retransmetre). Quan es rep la correspondent confirmació, s'esborra del *buffer*.

En absència d'errors l'eficiència del protocol (sense tenir en compte les capçaleres) és del 100 %. Els algorismes bàsics de recuperació d'errors en una transmissió contínua són: *Go back N* i retransmissió selectiva.

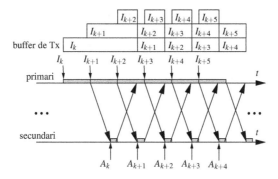

Figura 3.7: Diagrama de temps d'un protocol de transmissió contínua.

3.1.2.1 Go back N

La idea del protocol *Go back N* és que en cas d'error el primari "torni enrera" fins la PDU que falta al secundari i comenci a transmetre novament a partir d'aquest punt. Hi ha diverses maneres d'implementar aquest principi. Nosaltres suposarem l'algorisme que es detalla a continuació (vegeu la figura 3.8):

- Les confirmacions són acumulatives, és a dir, la confirmació A_k confirma totes les PDU d'informació amb números de seqüència $\leq k$.

- Si el secundari rep una PDU d'informació (I_k) amb errors o fora de seqüència: (i) Deixa d'enviar confirmacions fins que rep correctament la PDU que falta, i (ii) descarta totes les PDUs que rep amb número de seqüència $\neq k$.

- Quan salta el temporitzador de retransmissió d'una PDU (I_k), el primari retransmet la PDU I_k, i contínua amb la transmissió de I_{k+1} I_{k+2}, $\cdots$

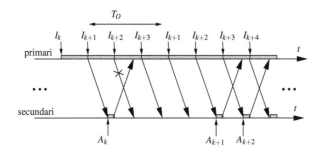

Figura 3.8: Diagrama de temps del protocol *Go back N*.

3.1.2.2 Retransmissió selectiva

La idea d'un protocol de retransmissió selectiva és que el secundari no descarti mai les PDUs que arriben correctament, encara que arribin fora de seqüència (a diferència del que fa *Go back N*). Això permet millorar l'eficiència de *Go back N* en cas d'error, a costa de complicar la implementació del secundari: Amb retransmissió selectiva haurà d'emmagatzemar i ordenar les PDUs que arriben fora de seqüència. És a dir, com que en *Go back N* el secundari sempre rep les PDU en seqüència (si en falta alguna, descarta totes les que arriben fins que arriba la que falta), el *buffer* de recepció del secundari sempre tindrà les PDUs rebudes en seqüència, llestes per ser llegides pel nivell superior. Amb retransmissió selectiva, en canvi, pot haver-hi PDUs en el *buffer* de recepció que no es poden lliurar al nivell superior perquè en falta alguna de número seqüència anterior que encara no ha arribat (o ho ha fet amb errors i s'ha hagut de descartar).

Hi ha diverses maneres d'implementar un protocol de retransmissió selectiva. Nosaltres suposarem l'algorisme que es detalla a continuació (vegeu la figura 3.9):

- Les confirmacions són acumulatives, és a dir, la confirmació A_k confirma totes les PDU d'informació amb números de seqüència $\leq k$.

- Si el secundari rep una PDU d'informació (I_k) amb errors o fora de seqüència: (i) Deixa d'enviar confirmacions fins que rep correctament la PDU que falta, i (ii) guarda totes les PDUs que rep amb número de seqüència $\neq k$.

- Quan salta el temporitzador de retransmissió d'una PDU (I_k), el primari retransmet la PDU I_k, però no retransmet altres PDUs que ja havia enviat abans. És a dir, només retransmet les PDUs per les quals salta el *time-out*.

- Quan el secundari rep una retransmissió, envia una confirmació acumulada que confirma fins a l'última PDU en seqüència rebuda correctament.

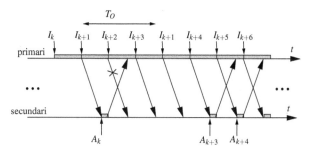

Figura 3.9: Diagrama de temps d'un protocol de retransmissió selectiva.

3.1.3 Eficiència en presència d'errors

En aquesta secció comparem els protocols ARQ bàsics que hem vist anteriorment quan la probabilitat de pèrdua o error d'una PDU és diferent de zero. Per caracteritzar aquesta probabilitat, suposarem que coneixem la mitjana del nombre de transmissions necessàries per a la transmissió amb èxit d'una PDU (N_t). És a dir, cada PDU es transmet en mitjana $N_t - 1$ vegades sense èxit, i la transmissió N_t arriba correctament.

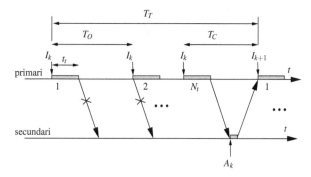

Figura 3.10: Càlcul de l'eficiència d'*stop and wait* en presència d'errors.

Stop and wait

La figura 3.10 mostra el diagrama de temps representatiu d'una transmissió amb errors fent servir *stop and wait*. Per calcular l'eficiència, podem suposar que les N_t transmissions que apareixen en la figura es repeteixen de forma periòdica. Durant aquest temps només es transmet una PDU d'informació. És a dir, s'aprofita un temps de transmissió d'una PDU d'informació (t_t en la figura) per cada temps que duren les N_t transmissions (T_T en la figura). En les $N_t - 1$ primeres retransmissions la PDU es retransmet després d'un temps T_O (quan salta el temporitzador de retransmissió), mentre que la PDU I_{k+1} es transmet en un temps T_C després de la retransmissió N_t (vegeu la figura). Per tant, el temps invertit en la transmissió de la PDU I_k és de: $T_T = (N_t - 1)T_O + T_C$. L'eficiència és, doncs:

$$E = \frac{t_t}{T_T} = \frac{t_t}{(N_t - 1)T_O + T_C} \tag{3.2}$$

Per no tenir retransmissions innecessàries, com que el temporitzador de retransmissió salta abans de rebre la confirmació, ha de complir-se: $T_O > T_C$. Si els retards són constants, aleshores l'eficiència màxima es pot aconseguir quan $T_O \gtrsim T_C$. En la pràctica, però, els retards, i per tant T_C, són variables. Així doncs, si T_C és la mitjana, s'ha de deixar un temps de "guarda" (δ) i fixar un valor de $T_O = T_C + \delta$.

Si fixem $T_O = T_C$ en l'equació (3.2), tenim que l'eficiència màxima d'*stop and wait* en presència d'errors és de:

$$E_{max} = \frac{t_t}{N_t T_C} \approx \frac{1}{N_t(1+2a)} \tag{3.3}$$

Igual que en l'equació (3.1), $a = t_p/t_t$, i s'ha fet la suposició que $t_t \ll t_a$.

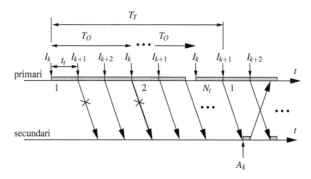

Figura 3.11: Càlcul de l'eficiència de *Go back N* en presència d'errors.

Go back N

La figura 3.11 mostra el diagrama de temps representatiu d'una transmissió amb errors fent servir *Go back N*. Raonant igual que abans tenim:

$$E = \frac{t_t}{T_T} = \frac{t_t}{(N_t-1)T_O + t_t} \tag{3.4}$$

i l'eficiència màxima:

$$E_{max} = \frac{t_t}{(N_t-1)T_C + t_t} \approx \frac{1}{N_t(1+2a)-2a} \tag{3.5}$$

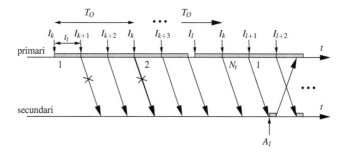

Figura 3.12: Càlcul de l'eficiència de retransmissió selectiva en presència d'errors.

Retransmissió selectiva

La figura 3.12 mostra el diagrama de temps representatiu d'una transmissió amb errors fent servir retransmissió selectiva. A diferència d'*stop and wait* i *go back N*, el temps que queda lliure mentre es fan les N_t transmissions d'una mateixa PDU d'informació s'aprofita per transmetre altres PDUs. Així doncs, el temps invertit per transmetre una PDU d'informació és de $N_t t_t$ i l'eficiència és independent del temporitzador de retransmissió, i val:

$$E = \frac{t_t}{N_t t_t} = \frac{1}{N_t} \tag{3.6}$$

Comparació

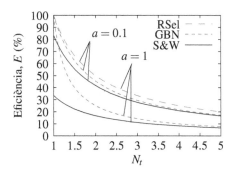

Figura 3.13: Comparació de l'*stop and wait* (S&W), *go back N* (GBN) i retransmissió selectiva (RSel) en presència errors.

La figura 3.13 mostra l'eficiència dels tres protocols anteriors en funció de N_t per a dos valors de a. La conclusió és que per $a \ll 1$, el comportament dels tres protocols és semblant. Si això no es compleix, *stop and wait* té una eficiència baixa, independentment de la probabilitat d'error. En canvi, *go ack N* i retransmissió selectiva tenen una $E \approx 100\%$ per una probabilitat d'error petita $N_t \approx 1$, retransmissió selectiva té una eficiència bastant millor que *go back N* per a una probabilitat d'error no molt alta, i per a probabilitat d'error altes, els tres protocols tenen una eficiència semblant.

Càlcul de N_t

En els apartats anterior hem fet servir la mitjana del nombre de transmissions necessàries per a la transmissió amb èxit d'una PDU (N_t). Normalment, el paràmetre que és més fàcil de conèixer és la probabilitat d'error en el bit P_b. Ara calcularem la relació que hi ha entre aquest dos paràmetres. Perquè el càlcul sigui senzill, suposarem que cada bit de la PDU té una probabilitat d'error independent dels altres bits i igual a P_b. En aquest cas, si la PDU té L bits, la probabilitat que la PDU tingui algun error (P_p) val:

$$P_p = 1 - Prob\{\text{bit sense error}\}^L = 1 - (1 - P_b)^L$$

La probabilitat d'haver de transmetre una PDU k vegades és la probabilitat de les $k-1$ primeres vegades tingui error (P_p^{k-1}) multiplicat per la probabilitat que l'última transmissió no tingui error ($1 - P_p$). Per tant:

$$N_t = \sum_{k=1}^{\infty} k \, Prob\{k \text{ transmissions}\} = \sum_{k=1}^{\infty} k \, P_p^{k-1}(1 - P_p) =$$

$$(1 - P_p) \sum_{k=1}^{\infty} k \, P_p^{k-1} = (1 - P_p)\frac{1}{(1 - P_p)^2} = \frac{1}{1 - P_p}$$

3.1.4   Control de flux

Els protocols ARQ que hem vist en les seccions anteriors no només s'utilitzen per a la recuperació d'errors: Un dels seus objectius és el control de flux. L'objectiu del control de flux és l'adaptació de la velocitat de transmissió eficaç entre el transmissor (el primari en un protocol ARQ) i el consumidor (el secundari en un protocol ARQ).

Veiem un exemple: El control de flux entre un PC i un modem connectat al port sèrie. El port sèrie fa servir el protocol de nivell físic RS232. Aquest protocol té dues línies que serveixen per al control de flux: *Request To Send* (RTS) i *Clear To Send* (CTS). El funcionament d'aquestes línies és el següent:

Quan el PC està llest per transmetre dades, activa la línia RTS. Si el modem les pot rebre, activa la línia CTS i el PC les transmet. Si la línia CTS està desactivada, el PC no pot transmetre. La línia sèrie es configura amb una velocitat de transmissió major de la que pot aconseguir el modem a través de la línia telefònica. El modem té un *buffer* de transmissió on guarda la informació que transmet a través de la línia telefònica. Quan el modem activa la línia CTS, el PC li envia informació a una velocitat major de la que pot enviar el modem a la línia telefònica. Així doncs, el *buffer* de transmissió del modem s'omple. Quan arriba a un cert llindar, el modem desactiva la línia CTS i torna a activar-la quan el *buffer* es comença a buidar. D'aquesta manera el modem sempre té informació llesta per transmetre a través de la línia telefònica i podrà aprofitar al màxim la línia. Per altra banda, el control de flux de les línies RTS/CTS permet ajustar la velocitat eficaç de la línia sèrie a la de la línia telefònica, sense que es perdi informació en el modem.

Suposem ara un protocol ARQ entre dos PCs d'una mateixa xarxa. Si un dels PCs envia informació a una velocitat eficaç major de la que pot consumir el receptor (per exemple, perquè el receptor és un PC més lent i la velocitat de transmissió de la xarxa és elevada), aleshores arribarà un moment que el *buffer* de recepció del receptor vessarà i es perdrà la informació. Aquesta situació és indesitjable, per això, cal un mecanisme de control de flux. El protocol *stop and wait* permet un control de flux inherent al seu funcionament: Si el secundari augmenta el temps en enviar les confirmacions, la velocitat eficaç disminuirà i s'ajustarà al secundari. En el cas dels protocol de transmissió contínua cal introduir alguna condició addicional per aconseguir el mateix: La finestra de transmissió. La pròxima secció explica aquest mecanisme.

3.1.4.1   Protocols de finestra

En un protocol de transmissió contínua el primari pot enviar més d'una PDU sense confirmar. Per poder fer un control de flux cal introduir un límit al nombre de PDUs que pot enviar: Aquest límit s'anomena "finestra de transmissió". El funcionament és el següent:

- El primari pot enviar fins a W PDUs d'informació sense confirmar.

- El secundari només envia la confirmació de la PDU d'informació I_k després que el nivell superior hagi llegir aquesta PDU.

La figura 3.14 il·lustra el funcionament d'un protocol de finestra. Suposarem que les confirmacions són acumulatives, tal com ho hem fet en Go back N (secció 3.1.2.1) i retransmissió selectiva (secció 3.1.2.2). Amb aquesta suposició, totes les PDU amb número de seqüència menor o igual a l'última confirmada estan confirmades i el primari les ha esborrat del *buffer* de transmissió.

En aquest exemple la finestra val $W = 5$. El primari transmet tan aviat com ho permet el nivell inferior. Abans de cada transmissió, però, comprova que la diferència entre el número de seqüència de la PDU a transmetre i el de l'última PDU confirmada sigui inferior a la finestra. Si no és així el primari es queda bloquejat fins que arriben noves confirmacions. En l'exemple, si no arriben més confirmacions el primari es quedaria bloquejat després de transmetre la PDU I_{k+5}. Quan arriben confirmacions de noves PDUs, l'índex que apunta a l'última PDU confirmada, i per tant la finestra de PDUs que es poden transmetre, "avancen" i permeten la transmissió de noves PDUs.

De l'explicació anterior podem deduir que el protocol *stop and wait* és equivalent a un protocol de finestra amb una mida de la finestra igual a 1: Després de la transmissió d'una PDU, el primari es queda bloquejat fins que arriba la confirmació (només pot enviar una PDU sense confirmar).

Una conseqüència del protocol de finestra és que en el *buffer* de transmissió hi haurà com a màxim W PDUs emmagatzemades, on W és la mida de la finestra. Això permet dimensionar la mida del *buffer* de transmissió i de recepció, ja que hauran d'emmagatzemar com a màxim W PDUs.

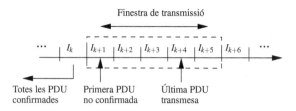

Figura 3.14: Protocol de finestra.

3.1.4.2   Finestra òptima

Si la mida de la finestra és massa petita, pot passar que el protocol sigui ineficient pel temps d'espera de les confirmacions. La figura 3.15 mostra un exemple on la finestra val $W = 3$. Després de transmetre tres PDUs el primari es queda bloquejat fins que arriben les confirmacions i es torna a repetir el cicle. Si el temps que està enviant les PDUs val T_U i el cicle es repeteix cada T_C, l'eficiència del protocol valdrà $E = T_U/T_C$.

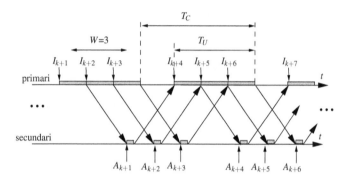

Figura 3.15: Exemple de finestra inferior a l'òptima.

Si la finestra del protocol és massa gran, també pot ser un inconvenient. Per exemple, perquè, com hem vist abans, els *buffers* de transmissió i recepció han de dimensionar-se per poder emmagatzemar un nombre de PDUs igual a la finestra.

Per això es defineix la finestra òptima com la mínima finestra que permet assolir la velocitat efectiva màxima. És a dir, si fem servir una finestra inferior a l'òptima, vol dir que la velocitat efectiva serà inferior a la que podríem aconseguir amb una finestra més gran. En canvi, si augmentem la mida de la finestra més enllà de la finestra òptima, no augmentarem la velocitat efectiva més enllà de l'aconseguida amb la finestra òptima.

En l'exemple anterior, si la mida de les PDU es fixa amb un temps de transmissió de t_t segons, aleshores la finestra òptima seria de $W = \lceil T_U/t_t \rceil$.

3.1.4.3   Dimensionat del camp "número de seqüència" de les PDUs

Tal com hem vist anteriorment, els protocols ARQ necessiten un número de seqüència per relacionar les PDU d'informació i les seves corresponents confirmacions. El número de seqüència el porta un camp de la capçalera de la PDU. Si aquest camp té n bits, aleshores el número de seqüència podrà tenir un valor en l'interval $[0...2^n - 1]$. És a dir, tenim un nombre de números de seqüència diferents de $I = 2^n$. Quan s'assoleix el número de seqüència $2^n - 1$, es torna a començar amb el valor 0 i es repeteix el "cicle" de números de seqüència.

La reutilizació del números de seqüència pot crear ambigüitats si n no és prou gran. És a dir, quan es confirma la PDU k, com pot saber el primari si es confirma la PDU de l'actual "cicle", o del "cicle" anterior? Si les PDUs poden arribar desordenades i amb retards arbitraris, aquesta ambigüitat no es pot resoldre. L'únic que podem fer és agafar un nombre de bits n prou gran perquè la probabilitat que es doni sigui gairebé zero (per exemple, això és el que fa TCP). En canvi, si les PDUs arriben en el mateix ordre que s'han enviat, es pot demostrar amb un nombre de números de seqüència I igual o major que el de la taula 3.1, el protocol funciona sense ambigüitats (en [8] es pot trobar la justificació). Així, per exemple, amb *stop and wait* bastaria un sol bit pel camp amb el número de seqüència. En canvi, amb *Go back N*, si desitgem una finestra de mida W, necessitarem un nombre de bits n que compleixi $2^n \geq W + 1$ i amb Retransmissió selectiva $2^n \geq 2W$.

Protocol	I
Stop and Wait	2
Go back N	$W+1$
Retransmissió selectiva	$2\,W$

Taula 3.1: Nombre de números de seqüència I diferents perquè el protocol funcioni sense ambigüitat.

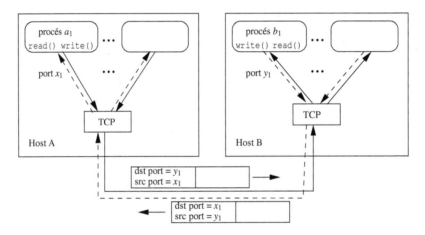

Figura 3.16: Multiplexació en el nivell TCP.

3.2   El nivell de transport d'Internet

El nivell de transport proveeix un canal lògic de comunicació entre les aplicacions. Per exemple, en la pràctica el nivell d'aplicació està format per dos processos que es comuniquen entre ells fent servir la xarxa, ja que el nivell de transport permet que els processos es comuniquin entre ells com si estiguessin en el mateix computador, tot i que possiblement estiguin en computadors situats en punts geogràficament distants. Per aconseguir-ho, el nivell de transport implementa un protocol punt-a-punt entre els dos hosts que es comuniquen que fa un "multiplexat" de la informació transmesa pels processos.

A Internet hi ha dos protocols de nivell de transport: UDP i TCP, que estudiarem a continuació. El multiplexat s'aconsegueix amb un identificador de 16 bits anomenat "port" que identifica els processos que es comuniquen. La figura 3.16 il·lustra aquest funcionament.

En TCP/IP les connexions solen seguir el "paradigma client-servidor". En aquest model el "servidor" (normalment un *daemon* en una màquina UNIX) espera les peticions dels "clients". Per això, el servidor "escolta" les peticions adreçades a un port *well-known*. Els ports *well-known* tenen un valor en l'interval $[0, ..., 1023]$ i estan assignats per IANA (vegeu el RFC-1700 [36]). El client és sempre el que inicia la connexió cap al servidor i té un port assignat pel sistema operatiu en l'interval $[1024, ..., 2^{16} - 1]$. Aquest port s'anomena "efímer" perquè només identifica el procés del client mentre dura la connexió.

En una màquina UNIX el fitxer /etc/services té el llistat dels ports *well-known* (vegeu la figura 3.2). En aquest fitxer hi ha un nom que identifica el servei associat a cada port i que es pot fer servir en algunes aplicacions per identificar el port. Per exemple, l'aplicació telnet es connecta per defecte al port 23 (sessió telnet). Aquesta comanda, però, admet un segon argument per indicar port diferent. En aquest cas, telnet fa un bolcat per stdout de tot el que rep del servidor i envia al servidor tot el que llegeix de stdin. Per exemple, en la figura 3.2 hi ha el resultat de fer telnet al port de daytime. El servidor d'aquest port envia el dia i l'hora i tanca la connexió.

```
# WELL KNOWN PORT NUMBERS
# The Well Known Ports are assigned by the IANA
# and on most systems can only be used by system
# (or root) processes.
#
# Keyword   Decimal   Description
# -------   -------   -----------
echo         7/tcp    Echo
echo         7/udp    Echo
discard      9/tcp    # Discard
discard      9/udp    # Discard
daytime     13/tcp    # Daytime (RFC 867)
daytime     13/udp    # Daytime (RFC 867)
chargen     19/tcp    # Character Generator
chargen     19/udp    # Character Generator
ftp-data    20/tcp    # File Transfer [Default Data]
ftp-data    20/udp    # File Transfer [Default Data]
ftp         21/tcp    # File Transfer [Control]
ssh         22/tcp    # SSH Remote Login Protocol
ssh         22/udp    # SSH Remote Login Protocol
telnet      23/tcp    # Telnet
telnet      23/udp    # Telnet
...
```

```
linux# telnet localhost daytime
Trying 127.0.0.1...
Connected to localhost.
Escape character is '^]'.
22 OCT 2005 12:20:08 MDT
Connection closed by foreign host.
```

Figura 3.17: Fitxer /etc/services.

Figura 3.18: Telnet al port de daytime.

3.3 El protocol UDP – RFC 768 [18]

UDP és un protocol de nivell de transport "orientat al datagrama". És a dir, ofereix el mateix servei que el transport de datagrames del nivell IP. Bàsicament, l'únic que fa és afegir la capçalera de la figura 3.19 a la informació que rep de l'aplicació per construir un "datagrama UDP" i passar-lo al nivell IP per a la seva transmissió. Així doncs, el servei UDP és no orientat a la connexió (*connectionless*) i no fiable (si el datagrama UDP es perd, UDP no el retransmet). Una altra característica important és que cada operació d'escriptura del nivell d'aplicació genera un datagrama UDP.

Les aplicacions en "temps real" fan servir UDP. Exemples d'aquest tipus d'aplicacions són telefonia o videoconferència sobre TCP/IP. Aquestes aplicacions no toleren retards molt variables. Això és perquè l'aplicació en recepció llegeix un *buffer* a un ritme constant. Si un datagrama arriba més tard de l'instant en què tocaria llegir-se, aleshores ha de descartar-se perquè és inservible per a l'aplicació. Per un altre costat, l'aplicació tolera un cert percentatge d'error: això es tradueix en un soroll en el so o imatge, que no impedeix la comunicació.

La capçalera UDP (figura 3.19) té una mida fixa de 8 bytes. Hi ha 4 camps:

- Port font i destinació, per identificar el processos que es comuniquen.

- *Length* amb la mida total del datagrama UDP (*payload* UDP + 8).

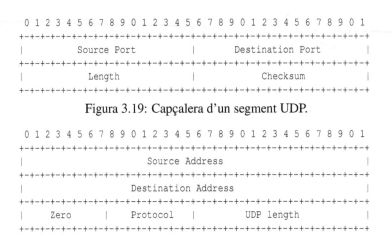

```
 0 1 2 3 4 5 6 7 8 9 0 1 2 3 4 5 6 7 8 9 0 1 2 3 4 5 6 7 8 9 0 1
+-+-+-+-+-+-+-+-+-+-+-+-+-+-+-+-+-+-+-+-+-+-+-+-+-+-+-+-+-+-+-+-+
|          Source Port          |         Destination Port      |
+-+-+-+-+-+-+-+-+-+-+-+-+-+-+-+-+-+-+-+-+-+-+-+-+-+-+-+-+-+-+-+-+
|            Length             |            Checksum           |
+-+-+-+-+-+-+-+-+-+-+-+-+-+-+-+-+-+-+-+-+-+-+-+-+-+-+-+-+-+-+-+-+
```

Figura 3.19: Capçalera d'un segment UDP.

```
 0 1 2 3 4 5 6 7 8 9 0 1 2 3 4 5 6 7 8 9 0 1 2 3 4 5 6 7 8 9 0 1
+-+-+-+-+-+-+-+-+-+-+-+-+-+-+-+-+-+-+-+-+-+-+-+-+-+-+-+-+-+-+-+-+
|                         Source Address                        |
+-+-+-+-+-+-+-+-+-+-+-+-+-+-+-+-+-+-+-+-+-+-+-+-+-+-+-+-+-+-+-+-+
|                      Destination Address                      |
+-+-+-+-+-+-+-+-+-+-+-+-+-+-+-+-+-+-+-+-+-+-+-+-+-+-+-+-+-+-+-+-+
|    Zero     |    Protocol     |          UDP length           |
+-+-+-+-+-+-+-+-+-+-+-+-+-+-+-+-+-+-+-+-+-+-+-+-+-+-+-+-+-+-+-+-+
```

Figura 3.20: Pseudocapçalera que es fa servir en el càlcul del checksum d'UDP.

- *Checksum*: Protegeix la capçalera i el camp de dades. Es calcula aplicant l'algorisme de checksum conjuntament a una "pseudo capçalera", la capçalera UDP i el camp de dades. La "pseudo capçalera" té alguns camps de la capçalera IP per fer una doble comprovació que el datagrama ha arribat a la destinació correcta (vegeu la figura 3.20). En UDP el checksum és opcional (tot i que sól fer-se servir). En cas de no fer-se servir s'envia un checksum igual a 0. A causa d'aquesta pseudocapçalera, si es fa servir NAT, cal recalcular el checksum de la capçalera UDP (per més detalls, vegeu el RFC 1631 [35]).

3.4   El protocol TCP – RFC 793 [21]

TCP és el protocol de nivell de transport que es fa servir en Internet per a la transmissió fiable d'informació. TCP és un protocol extrem a extrem, ARQ, orientat a la connexió, del que podríem destacar els següents objectius:

- Recuperació d'errors, per tenir una transmissió fiable.

- Control de flux, perquè el primari no enviï els segments a més velocitat de la que pot processar-los el secundari. Altrament, hi hauria segments que es podrien perdre per vessament del *buffer* de recepció del secundari.

- Control de congestió, perquè el primari no enviï els segments a més velocitat de la que pot processar-los la xarxa. Altrament hi hauria segments que es podrien perdre en el "coll d'ampolla" de la xarxa. El coll d'ampolla és l'enllaç en què els segments que envia el primari veuen una velocitat mitjana més petita. Si el primari envia segments a una velocitat major, s'omplirà el *buffer* del router que ha d'enviar els segments per aquest enllaç, i es produiran pèrdues. En les connexions que travessen Internet això passa amb relativa freqüència. Les pèrdues per congestió no són un mal funcionament de TCP, a diferència del que serien les pèrdues degudes a un control de flux. Això és perquè les pèrdues per control de flux es poden evitar fàcilment (tal com es veurà més endavant). Les pèrdues per congestió, en canvi, serveixen de senyal a TCP per adonar-se que ha superat la velocitat que imposa el coll d'ampolla.

- Segments de mida òptima: A diferència d'UDP, TCP va agafant bytes de l'aplicació per generar segments de mida òptima. TCP manté una variable anomenada *Maximum Segment Size* (MSS), que és la mida del que considera òptima pel *payload* (camp de dades). Típicament, la mida òptima és la

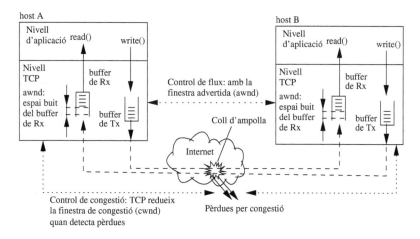

Figura 3.21: Funcionament bàsic de TCP.

major possible (per minimitzar l'*overhead* de les capçaleres), però que no produeixi fragmentació a nivell IP.

La figura 3.21 mostra el funcionament bàsic de TCP. En cada extrem, TCP manté un *buffer* de transmissió i un de recepció (*buffer de Tx* i *Rx* en la figura). L'aplicació fa servir les crides al sistema operatiu read() i write() per llegir i escriure en aquests *buffers*. Quan el *buffer* de Tx està ple, la crida write() queda bloquejada. Quan TCP ha enviat dades del *buffer* de Tx i s'han confirmat, TCP les esborra del *buffer* i queda espai lliure perquè l'aplicació hi escrigui. Anàlogament, la crida read() queda bloquejada fins que arriben noves dades. Cada vegada que arriba un segment, TCP envia una confirmació (hi ha algunes excepcions, per exemple, si es fa servir la tècnica dels *delayed acknowledgments* que s'explica més endavant).

Control de flux: Per evitar el vessament del *buffer* de Rx (en cas que el primari enviï a una velocitat major de la que el secundari processa les dades), TCP fa servir la "finestra advertida"(*advertised window*). La finestra advertida és una de les informacions que sempre s'envien en la capçalera TCP. TCP posa en aquest camp l'espai buit del buffer d'Rx. Quan TCP rep un segment, guarda el valor de la finestra advertida en la variable awnd. El primari no pot enviar mai més bytes sense confirmar dels que diu awnd. D'aquesta manera, en el secundari sempre hi haurà espai suficient per guardar els bytes enviats en el *buffer* d'Rx. Si el *buffer* d'Rx s'omple, el secundari enviarà una finestra advertida igual a 0 i el primari es quedarà bloquejat fins que el secundari torni a enviar una finestra advertida major que 0.

Cal notar que aquest mecanisme de control de flux és diferent a l'explicat en els algorismes ARQs bàsics: En els ARQs bàsics hem suposat que la confirmació s'envia quan el nivell superior llegeix la informació del *buffer* de recepció del secundari. D'aquesta manera, si el secundari "buida" el *buffer* de recepció més lentament de com arriben les PDUs, l'enviament de les confirmacions es retarda i el primari redueix conseqüentment la tassa de transmissió de les PDUs. TCP, en canvi, envia la confirmació immediatament després de rebre el segment de dades. El control de flux s'aconsegueix amb la finestra advertida: Si l'aplicació llegeix més lentament el *buffer* de recepció de com arriben els segments d'informació, el *buffer* s'omple i la finestra advertida es redueix. Això fa que el primari redueixi conseqüentment la tassa de transmissió dels segments d'informació.

Control de congestió: Quan es produeixen pèrdues en algun coll d'ampolla de la xarxa, vol dir que el primari ha de reduir el nombre de segments que envia, és a dir, ha de reduir la finestra de transmissió. Per a fer aquest control, TCP fa servir una altra finestra: La "finestra de congestió" (*congestion window*). TCP manté la variable cwnd amb el valor d'aquesta finestra. Aquesta variable s'incrementa si no es detecten pèrdues i es decrementa en cas contrari. En la secció 3.4.5 s'explicaran els algorismes bàsics que regulen cwnd. Per adaptar-se a la condició més restrictiva (control de flux o congestió), TCP fa servir en tot moment una finestra de transmissió (wnd) igual a:

$$wnd = \min\{awnd, cwnd\} \tag{3.7}$$

Cal destacar que TCP no sempre ha de limitar la velocitat de transmissió de la connexió. De fet, podem classificar les connexions en:

- *Bulk transfer* (massives): Durant la transmissió l'aplicació sempre té dades llestes per enviar. En aquest cas, el *buffer* de transmissió sempre està ple i TCP envia segments de mida màxima. La finestra de transmissió limita la velocitat efectiva de la connexió. Exemples d'aplicacions que generen aquest tipus de tràfic són ftp, web, mail, etc.

- Interactives: Són aplicacions en què l'usuari interactua amb la màquina remota, com ara amb l'aplicació telnet. En aquest cas, la informació s'envia en missatges de pocs bytes i de forma discontínua. TCP no necessita introduir limitacions en aquest tipus de transmissions a causa del poc tràfic que generen, és a dir, la quantitat de dades que s'envien està molt per sota del que permet la finestra de transmissió.

  Tot i això, aquestes aplicacions poden representar un problema. Considerem per exemple l'aplicació telnet. L'usuari possiblement estarà bastants milisegons entre tecla i tecla, més que el temps que passa des que s'envia un segment fins que arriba la corresponent confirmació (ack). D'aquesta manera, cada vegada que arribés un ack, TCP es trobaria que en el *buffer* de transmissió hi hauria un sol byte! El resultat seria que es generaria un segment i la seva corresponent confirmació per cada tecla pitjada. La transmissió de molts paquets tan petits en Internet reduiria l'eficiència. Per solventar aquest problema TCP, opcionalment, pot fer servir dos mecanismes:

  - *delayed acknowledgments*: Consisteix en que el secundari no transmet l'ack immediatament després de rebre noves dades. En canvi, espera un temps per veure si arriben nous segments d'informació i després envia un ack (que els confirmarà a tots). L'RFC de *Host requirements* [30] diu que el retard dels *delayed acknowledgments* ha de ser sempre inferior a 0,5 segons i que ha d'enviar-se almenys 1 ack per cada dos segments de mida màxima. Els retards dels *delayed acknowledgments* de les implementacions de TCP/IP que hi ha en la pràctica són com a màxim de 200 ms.

  - *Nagle algorithm*: L'algorisme anterior redueix el nombre d'acks, però no evita el problema "d'un segment per cada tecla pitjada" de les aplicacions interactives. Per resoldre aquest problema en l'RFC [23] es proposa el següent algorisme: cada vegada que arriben noves dades al *buffer* de transmissió de TCP i la finestra permet enviar un nou segment, només s'envia si: (i) hi ha prou bytes per enviar un segment de mida màxima o (ii) no hi ha bytes pendents de confirmar. Si hi ha bytes pendents de confirmar, els bytes que van arribant al *buffer* de transmissió es retenen fins que arriba la confirmació. El fet de retardar l'enviament de nous segments fins que arriba la confirmació dels anteriors afavoreix que en una connexió interactiva el primari tingui més bytes disponibles per enviar quan arribi la confirmació.

3.4.1 Capçalera TCP

La figura 3.22 mostra el format de la capçalera TCP. El significat dels camps és el següent:

- *Source Port* i *Destination Port*: Port font i destinació.

- *Sequence Number*: Número de seqüència del segment (s'explica en la secció 3.4.2).

- *Acknowledgment Number*: Confirmació (s'explica en la secció 3.4.2).

```
 0 1 2 3 4 5 6 7 8 9 0 1 2 3 4 5 6 7 8 9 0 1 2 3 4 5 6 7 8 9 0 1
+-+-+-+-+-+-+-+-+-+-+-+-+-+-+-+-+-+-+-+-+-+-+-+-+-+-+-+-+-+-+-+-+
|          Source Port          |        Destination Port       |
+-+-+-+-+-+-+-+-+-+-+-+-+-+-+-+-+-+-+-+-+-+-+-+-+-+-+-+-+-+-+-+-+
|                        Sequence Number                        |
+-+-+-+-+-+-+-+-+-+-+-+-+-+-+-+-+-+-+-+-+-+-+-+-+-+-+-+-+-+-+-+-+
|                      Acknowledgment Number                    |
+-+-+-+-+-+-+-+-+-+-+-+-+-+-+-+-+-+-+-+-+-+-+-+-+-+-+-+-+-+-+-+-+
| Header|         |U|A|P|R|S|F|                                 |
| length| Reserved|R|C|S|S|Y|I|        Advertised window        |
|       |         |G|K|H|T|N|N|                                 |
+-+-+-+-+-+-+-+-+-+-+-+-+-+-+-+-+-+-+-+-+-+-+-+-+-+-+-+-+-+-+-+-+
|          Checksum             |        Urgent Pointer         |
+-+-+-+-+-+-+-+-+-+-+-+-+-+-+-+-+-+-+-+-+-+-+-+-+-+-+-+-+-+-+-+-+
|                    Options                     |    Padding    |
+-+-+-+-+-+-+-+-+-+-+-+-+-+-+-+-+-+-+-+-+-+-+-+-+-+-+-+-+-+-+-+-+
```

Figura 3.22: Capçalera d'un segment TCP.

```
 0 1 2 3 4 5 6 7 8 9 0 1 2 3 4 5 6 7 8 9 0 1 2 3 4 5 6 7 8 9 0 1
+-+-+-+-+-+-+-+-+-+-+-+-+-+-+-+-+-+-+-+-+-+-+-+-+-+-+-+-+-+-+-+-+
|                        Source Address                         |
+-+-+-+-+-+-+-+-+-+-+-+-+-+-+-+-+-+-+-+-+-+-+-+-+-+-+-+-+-+-+-+-+
|                      Destination Address                      |
+-+-+-+-+-+-+-+-+-+-+-+-+-+-+-+-+-+-+-+-+-+-+-+-+-+-+-+-+-+-+-+-+
|    Zero     |   Protocol   |          TCP length              |
+-+-+-+-+-+-+-+-+-+-+-+-+-+-+-+-+-+-+-+-+-+-+-+-+-+-+-+-+-+-+-+-+
```

Figura 3.23: Pseudocapçalera que es fa servir en el càlcul del checksum de TCP.

- *Header length*: Mida de la capçalera en words de 32 bits (igual que el camp *header legnth* de la capçalera IP). Igual que en la capçalera IP, la mida mínima de la capçalera TCP és de 20 bytes (i el camp *header legnth* té el valor 5). La mida màxima de la capçalera TCP és de 15·4 = 60 bytes.

- *Reserved*: Bits reservats per possibles ampliacions del protocol. Es posen a 0.

- *flags*: Són els següents:

  - URG: (*Urgent*) Indica que es fa servir el camp *Urgent Pointer* explicat més avall.

  - ACK: (*Acknowledgment*) Indica que es fa servir el camp Acknowledgment.

  - PSH: (*Push*) Indica que s'ha de deixar llegir el *buffer* de Rx del secundari el més aviat possible. L'activació d'aquest flag depèn de la implementació. Les implementacions derivades de BSD l'activen quan el *buffer* de Tx es queda buit.

  - RST: (*Reset*) S'activa quan es vol avortar la connexió. Un exemple és quan es rep un segment d'un client adreçat a un port on no hi ha cap servidor escoltant. En aquest cas, TCP contesta amb un segment amb el flag de reset activat.

  - SYN: (*Synchronize*): Es fa servir en l'establiment de la connexió (s'explica en la secció 3.4.3).

  - FIN: (*Finalize*) Es fa servir en la finalització de la connexió (s'explica en la secció 3.4.3).

- *Advertised window*: Indica la finestra advertida.

- *Checksum*: A diferència d'UDP, a TCP el càlcul del checksum és obligatori. Per al càlcul del checksum s'agafa:

  - La pseudocapçalera que mostra la figura 3.23. Aquesta pseudocapçalera té alguns camps de la capçalera IP (adreça font, destinació i protocol) i la mida del segment TCP (capçalera més payload). Tot i que la mida del segment TCP no es posa en la capçalera TCP, es té en compte en el càlcul del checksum.

- La capçalera TCP.
- El camp de dades (*payload*) del segment.

Igual que en UDP, els camps de la capçalera IP de la pseudocapçalera s'inclouen per tenir una major certesa que el segment no ha arribat a una destinació equivocada. A causa de la pseudocapçalera, si es fa servir NAT cal recalcular el checksum de la capçalera TCP (per més detalls, vegeu el RFC 1631 [35]).

- *Urgent Pointer*: Implementa un mecanisme per indicar dades "urgents" (és a dir, que s'han d'atendre el més aviat possible). Les dades urgents anirien del primer byte del segment fins al byte indicat per l'*Urgent Pointer*. Aquest flag es fa servir rares vegades. Un exemple és quan teclea un control-C (interrupció) des de l'aplicació telnet.

- *Options*: De forma anàloga al protocol IP, TCP permet afegir opcions a la capçalera. A diferència d'IP, però, les opcions de TCP solen fer-se servir. L'RFC de TCP [21] dóna el format de les opcions i en descriu algunes. D'altres s'han proposat en RFCs posteriors. Les opcions que més es fan servir són:

  - *Maximum segment size* [21]: Es fa servir durant l'establiment de la connexió per suggerir el valor del MSS a l'altre extrem (vegeu la secció 3.4). El valor que la suggereix és la MTU de la xarxa on està connectada l'interfície menys la mida de la capçalera IP i TCP (sense opcions). Per exemple, si la xarxa és una ethernet (MTU 1500), aleshores es posa un valor de 1460.

  - *Window scale factor* [32]: Es fa servir durant l'establiment de la connexió per indicar que el valor de la finestra advertida s'ha de multiplicar per aquest factor d'escala. Això permet advertir finestres majors de 2^{16} bytes.

  - *Timestamp* [32]: Es fa servir en el càlcul de l'RTT (vegeu la secció 3.4.6).

  - *SACK* [43]: Permet que TCP faci retransmissió selectiva (*selective ack*). TCP fa servir el camp ack per indicar fins on s'ha rebut correctament (vegeu la secció 3.4.2). Amb l'opció SACK el secundari pot indicar blocs de segments que s'han rebut correctament més enllà del segment confirmat per l'ack. D'aquesta manera, el primari pot triar millor els segments que s'han de retransmetre.

- *Padding*: Bytes de "farciment" afegits perquè la capçalera tingui un múltiple de 32 bits.

3.4.2   Números de seqüència en TCP

En TCP els números de seqüència i les finestres es mesuren en bytes. És a dir, si un segment porta S bytes, el número de seqüència del pròxim segment s'incrementarà en S (i no 1 com fèiem en els protocols ARQ explicats en la secció 3.1). La figura 3.24 mostra l'evolució dels números de seqüència a partir del primer segment de dades d'una connexió TCP. El número de seqüència que porta la capçalera (Si en la figura) identifica el primer byte de dades del segment. Inicialment la finestra val MSS (només permet enviar un segment) i s'incrementa amb MSS cada vegada que arriba un ack que confirma noves dades (això s'explica en detall en la secció 3.4.5).

Les confirmacions porten un valor igual al número de seqüència que porta el segment que confirmen, més el nombre de bytes de dades del segment. És a dir, si el segment amb número de seqüència Si porta MSS bytes (segment de mida màxima), aleshores la confirmació porta el valor: ack=Si+MSS (vegeu la figura 3.24). El valor que porta l'ack és, doncs, igual al número de seqüència del pròxim segment de

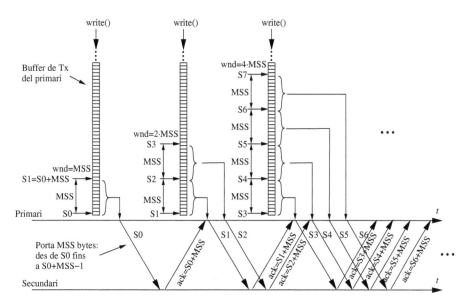

Figura 3.24: Evolució dels números de seqüència de TCP.

dades que espera rebre el secundari. Amb altres paraules, és el pròxim byte que falta al secundari. Com que les confirmacions són acumulatives, quan el primari rep la confirmació interpreta que tots els bytes identificats amb números de seqüència inferiors al de l'ack han arribat correctament al secundari i els esborra del *buffer* de transmissió.

3.4.3   Establiment i terminació d'una connexió TCP

La figura 3.25 mostra las fases d'establiment i terminació d'una connexió TCP. La figura mostra també els estats per què passa el client i el servidor durant la connexió i les crides al sistema. Els estats s'expliquen en més detalls en la pròxima secció, on s'explica el diagrama d'estats de TCP. Per a més informació sobre les crides al sistema, en l'apèndix 3.A hi ha un exemple de la programació d'un client i un servidor TCP.

L'establiment d'una connexió TCP es coneix amb el nom de *three-way-handshaking* i consisteix sempre en l'intercanvi de tres segments que no porten dades (només la capçalera TCP): SYN/SYN+ack/ack (vegeu la figura 3.25). El significat d'aquests paquets és el següent:

- El primer segment (SYN) sempre l'envia el client. Aquest segment té típicament un port *well known* ($<$ 1024) com a port destinació i un port efímer ($\geq$ 1024) com a port origen. La característica més important és que té el flag de SYN activat. Aquest segment és un dels pocs casos en què, per motius obvis, no es confirma res (el flag d'ACK ha d'estar desactivat). Aquest segment típicament porta opcions com ara l'MSS o les opcions *timestamp*, *window scale factor* o *SACK* (vegeu la secció 3.4.1), com a indicació que es volen fer servir. Aquest segment també porta l'*initial sequence number*, que és el número de seqüència inicial que es farà servir per identificar els bytes de dades enviats pel client. Aquest número és un número aleatori de 32 bits.

- El segon segment (SYN+ack) l'envia el servidor. També té el flag de SYN activat i porta l'*initial sequence number* per identificar els bytes de dades enviats pel servidor. Els segments de SYN, tot i no portar cap byte de dades, consumeixen un número de seqüència. L'ack d'aquest segment, per tant, té un valor igual a l'*initial sequence number* del client més 1.

- Finalment, el client confirma la recepció del SYN+ack enviant la confirmació amb l'*initial sequen-*

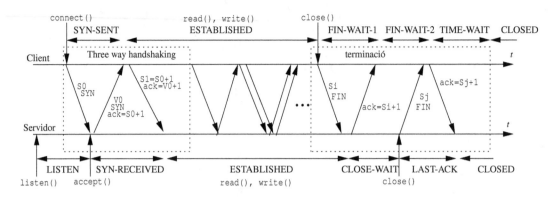

Figura 3.25: *Three-way-handshaking* i terminació d'una connexió TCP.

```
# tcpdump
tcpdump: listening on eth0, link-type EN10MB (Ethernet), capture size 96 bytes
1.  client.2628 > servidor.80: S 903489440:903489440(0) win 5840
    <mss 1460,sackOK,timestamp 2533519233 0,nop,wscale 2>
2.  servidor.80 > client.2628: S 3049312827:3049312827(0) ack 903489441 win 5792
    <mss 1460,sackOK,timestamp 1439623313 2533519233,nop,wscale 2>
3.  client.2628 > servidor.80: . 1:1(0) ack 1 win 1460 <nop,nop,timestamp 2533519236 1439623313>
4.  client.2628 > servidor.80: P 1:6(5) ack 1 win 1460 <nop,nop,timestamp 2533520816 1439623313>
5.  servidor.80 > client.2628: . 1:1(0) ack 6 win 1448 <nop,nop,timestamp 1439624894 2533520816>
6.  servidor.80 > client.2628: P 1:547(546) ack 6 win 1448 <nop,nop,timestamp 1439624895 2533520816>
7.  client.2628 > servidor.80: . 6:6(0) ack 547 win 1733 <nop,nop,timestamp 2533520817 1439624895>
8.  servidor.80 > client.2628: F 547:547(0) ack 6 win 1448 <nop,nop,timestamp 1439624895 2533520816>
9.  client.2628 > servidor.80: F 6:6(0) ack 548 win 1733 <nop,nop,timestamp 2533520841 1439624895>
10. servidor.80 > client.2628: . 548:548(0) ack 7 win 1448 <nop,nop,timestamp 1439624930 2533520841>
```

Figura 3.26: Exemple de connexió TCP capturada amb `tcpdump`.

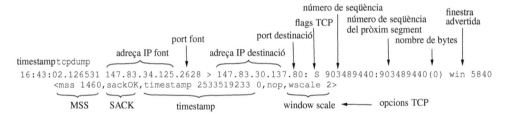

Figura 3.27: Interpretació del bolcat d'un segment TCP amb `tcpdump`.

ce number del servidor més 1.

La terminació de la connexió es produeix quan es produeix l'intercanvi de 3 ò 4 segments: FIN/ack en un sentit i FIN/ack en el sentit contrari (vegeu la figura 3.25). El segment de FIN s'envia quan l'aplicació fa la crida `close()`. Igual que el SYN, el FIN consumeix un número de seqüència. Una diferència important és que el segment de FIN pot portar dades. De fet, és normal que això passi si encara hi ha bytes de dades per enviar en el *buffer* de transmissió de TCP quan l'aplicació fa la crida `close()`. Un altre detall és que fins que l'aplicació no fa la crida `close()`, pot continuar escrivint i TCP enviarà les dades. Si l'altre extrem ja ha executat la crida `close()`, aleshores es diu que la connexió està en estat *half closed*, i només es poden enviar dades en un sentit (el que encara no ha enviat el segment de FIN). A diferència del *three-way-handshaking*, on el client envia sempre el primer segment de SYN, el primer segment de FIN pot enviar-lo el client o el servidor.

La figura 3.26 mostra una connexió TCP capturada amb la comanda `tcpdump`. La connexió consisteix en la descàrrega d'una pàgina html d'un servidor web (port 80). Per a la interpretació del bolcat, la

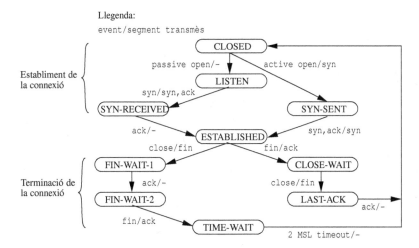

Figura 3.28: Diagrama d'estats simplificat de TCP.

```
Active Internet connections (w/o servers)
Proto Recv-Q Send-Q Local Address          Foreign Address      State
tcp       0   1286 192.168.0.128:29537     199.181.77.52:80     ESTABLISHED
tcp       0      0 192.168.0.128:13690      67.19.9.2:80        TIME_WAIT
tcp       0      1 192.168.0.128:12339      64.154.80.132:80    FIN_WAIT1
tcp       0      1 192.168.0.128:29529     199.181.77.52:80     SYN_SENT
tcp       1      0 192.168.0.128:17722      66.98.194.91:80     CLOSE_WAIT
tcp       0      0 192.168.0.128:14875     210.201.136.36:80    ESTABLISHED
tcp       0      0 192.168.0.128:12804      67.18.114.62:80     ESTABLISHED
tcp       0      1 192.168.0.128:25232      66.150.87.2:80      LAST_ACK
tcp       0      0 192.168.0.128:29820      66.102.9.147:80     ESTABLISHED
tcp       0      0 192.168.0.128:29821      66.102.9.147:80     ESTABLISHED
tcp       1      0 127.0.0.1:25911          127.0.0.1:80        CLOSE_WAIT
tcp       0      0 127.0.0.1:25912          127.0.0.1:80        ESTABLISHED
tcp       0      0 127.0.0.1:80             127.0.0.1:25911     FIN_WAIT2
tcp       0      0 127.0.0.1:80             127.0.0.1:25912     ESTABLISHED
```

Figura 3.29: Exemple del bolcat de la comanda `netstat -cnt`

figura 3.27 mostra el significat del bolcat d'un segment TCP de SYN capturat amb `tcpdump`. Cal destacar que després de capturar el segment de SYN, `tcpdump` resta l'*initial sequence number* als números de seqüència perquè siguin més fàcils de llegir.

Per reduir la mida de les línies del bolcat de la figura 3.26 s'ha substituït el *timestamp* de `tcpdump` per un número de línia (d'1 a 10). En la figura es pot comprovar com els segments de SYN i FIN consumeixen un número de seqüència. En la descàrrega de la pàgina html el servidor envia un únic segment TCP d'informació (amb 546 bytes, vegeu la línia 6). En aquest exemple es pot comprovar com els segments del *three way handshaking* no porten bytes d'informació. En aquest cas, a més, s'envien només 3 segments en la terminació de la connexió, perquè l'ack del primer segment de FIN s'envia conjuntament amb el segon segment de FIN.

3.4.4   Diagrama d'estats de TCP

La figura 3.28 mostra el diagrama d'estats simplificat que especifica el RFC de TCP [18]. En la part superior hi ha els estats pels que passa TCP durant l'establiment de la connexió i en la part inferior els que passa durant la terminació.

En la fase d'establiment el servidor fa un *passive open* i passa a l'estat de LISTEN a l'espera de peticions dels clients. Quan s'executa la crida `connect()` en el client, aquest envia un segment de SYN (vegeu la figura 3.25). Quan el servidor rep aquest segment, si accepta la connexió (fa la crida `accept()`, aleshores el servidor passa a l'estat SYN-RECEIVED i envia un segment amb els flags de SYN i ACK activats. Quan el client rep el segment SYN, ack passa a l'estat ESTABLISHED i envia un ack. A la vegada, quan el rep el servidor també passa a l'estat de ESTABLISHED i la connexió queda establerta.

L'explicació de la terminació de la connexió és anàleg (compareu les figures 3.25 i 3.28). Ara, però, el host que ha iniciat la terminació (que ha enviat el primer segment de FIN), quan rep el segment de FIN de l'altre extrem envia l'ack i es queda en l'estat de TIME-WAIT durant un temps igual a 2 vegades l'anomenat *Maximum Segment Lifetime* (MSL). Aquest és el temps que se suposa que pot estar un datagrama com a màxim a Internet, i sól agafar-se igual a 1 minut (és a dir, està en l'estat TIME-WAIT durant 2 minuts). El motiu és que la confirmació que ha enviat es podria perdre i es podrien rebre retransmissions de l'últim FIN. El host contestaria aquestes possibles retransmissions mentre està en aquest estat. L'altre extrem, en canvi, quan rep l'ack del FIN que ha enviat té la certesa que els dos extrems han rebut el segment de FIN i passa directament a l'estat de CLOSED.

En una màquina UNIX es poden veure les connexions TCP que hi ha establertes i el seu estat amb la comanda `netstat -t`. La figura 3.29 mostra un exemple obtingut en una màquina Linux després d'haver accedit a diferents servidors web (port 80) amb un navegador. Les opcions de la comanda `netstat` indiquen: Que refresqui contínuament el bolcat de les connexions (-c), que mostri les adreces en format numèric (-n) i que només mostri les connexions TCP (-t). Les columnes Recv-Q i Send-Q indiquen, respectivament, els bytes que hi ha en els *buffers* de recepció i transmissió de TCP (els bytes que encara no ha llegit l'aplicació i que encara no ha confirmat el secundari). Fixeu-vos que s'ha fet servir NAT (l'adreça del localhost és privada) i que hi ha dues connexions a un servidor web instal·lat en el mateix host (últimes 4 entrades del bolcat).

3.4.5   Control de congestió – RFC 2581 [50]

Tal com s'ha explicat a l'inici de la secció 3.4, una de les tasques fonamentals de TCP és el control de congestió. És a dir, adaptar-se a la velocitat de transmissió que fixa el coll d'ampolla de la xarxa. Sense control de congestió, Internet es tornaria inestable i es col·lapsaria.

El control de congestió consisteix en una "autoregulació" que fa TCP mitjançant la finestra anomenada *Congestion window* (cwnd). La regulació de cwnd és del tipus *multiplicative decrease, additive increase*. Això vol dir que quan TCP detecta congestió, redueix el valor de cwnd de forma multiplicativa (és a dir, ràpidament) per evitar agreujar la congestió. En canvi, si no hi ha congestió, cwnd s'incrementa lentament i intenta buscar el punt on no hi hagi congestió, però amb màxim aprofitament de les línies de transmissió.

En concret, TCP fa servir dues parelles d'algorismes bàsics per ajustar cwnd, i que s'expliquen a continuació:

- *Slow Start / Congestion Avoidance*.

- *Fast Retransmit / Fast Recovery*.

3.4.5.1   Algorismes Slow Start / Congestion Avoidance

Els algorismes de *Slow Start / Congestion Avoidance* fan el control bàsic de la finestra de TCP. Aquest algorismes fan servir les següents variables:

- cwnd: És la finestra de congestió.

- snd_una: (*unacknowledged*) És el primer segment no confirmat. És a dir, és el segment que fa més temps que espera en el *buffer* de transmissió per ser confirmat.

- ssthresh: (*slow start threshold*) Llindar entre les fases de *slow start* i *congestion avoidance*.

```
Inicialització:
        cwnd = MSS ;
        ssthresh = infinit ;

Cada cop que es rep un ack de noves dades:
        si(cwnd < ssthresh) {
                cwnd += MSS ; /* Slow Start */
        } altrament {
                cwnd += MSS * MSS / cwnd ; /* Congestion Avoidance */
        }

Quan hi ha un timeout:
        Retransmetre snd_una ;
        cwnd = MSS ;
        ssthresh = max(min(awnd, cwnd) / 2, 2 MSS) ;
```

Figura 3.30: Algorismes de *Slow Start / Congestion Avoidance*.

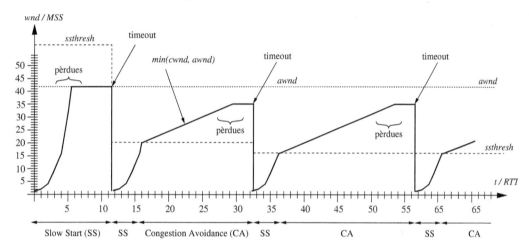

Figura 3.31: Evolució de la finestra de TCP quan hi ha un enllaç congestionat i només actuen els algorismes de *Slow Start / Congestion Avoidance*.

La figura 3.30 sumaritza el funcionament d'aquests dos algorismes. Quan s'estableix la connexió TCP, s'inicialitza cwnd = MSS: És a dir, TCP pot enviar només un segment sense confirmar (MSS bytes), d'aquí el nom de *slow start*. Mentre no hi ha pèrdues, TCP incrementa cwnd en MSS per cada nou ack: És a dir, quan arriba l'ack del primer segment, cwnd s'augmenta a 2 MSS i TCP envia 2 segments. Quan es reben els 2 acks, cwnd s'augmenta a 4 MSS i TCP envia 4 segments. Després seran 8, 16, 32, ...

Si els retards són grans i les línies de transmissió ràpides, els acks solen arribar en una ràfega després d'un *Round Trip Trime* (RTT). El RTT és el retard que hi ha des que TCP envia un segment fins que arriba la confirmació. Aquesta situació es dóna típicament quan el host està connectat a una LAN i la línia d'accés a Internet és ràpida (per exemple, ADSL). En aquest cas, durant la fase de *slow start* cada RTT la cwnd es multiplica per 2, és a dir, en un temps n RTT, la cwnd valdrà aproximadament 2^n (augment exponencial). El nom d'*slow start* és contradictori des d'aquest punt de vista, perquè cwnd augmenta ràpidament durant el *slow start*.

Si es produeix alguna pèrdua, saltarà el TO, es farà la retransmissió i es posarà ssthresh al valor de la finestra de transmissió que hi havia en el moment de la pèrdua dividit per 2 (min(awnd, cwnd) / 2). Després es començarà amb *slow start* i cwnd augmentarà ràpidament fins al valor de ssthresh. A partir d'aquest moment, TCP entra en la fase de *Congestion Avoidance* i la finestra augmenta lentament: Aproximadament 1 MSS cada vegada que es rebin les confirmacions de tota una finestra. La finestra cwnd permet enviar `cwnd/MSS` segments de mida màxima sense confirmar. Quan es reben les seves respectives confirmacions, `cwnd` haurà augmentat `MSS * MSS/cwnd * cwnd/MSS = 1 MSS`. La figura 3.31 mostra l'evolució típica en dent de serra de la finestra de TCP en aquestes condicions.

Cal destacar que si no hi ha un enllaç congestionat (com passa típicament quan el client i el servidor són dintre d'una mateix LAN), TCP està sempre en *slow start*. En aquest cas la finestra augmenta fins a la finestra advertida (`awnd`) i a partir d'aquest moment actua només el control de flux: La finestra de TCP és sempre igual a l'advertida.

La justificació d'aquest algorisme és la següent: la variable `ssthresh` intenta ajustar-se a un valor on TCP no té pèrdues. Per això *slow start* augmenta ràpidament el valor de la finestra fins aquest punt. A partir de l'`ssthresh`, la fase de *Congestion Avoidance* augmenta lentament `cwnd` per si la finestra ha quedat per sota del valor òptim i l'enllaç s'està infrautilitzant.

3.4.5.2 Algorismes Fast Retransmit / Fast Recovery

Per millorar l'eficiència, les implementacions actuals de TCP acompanyen els algorismes d'*Slow Start / Congestion Avoidance* com a mínim dels algorismes de *Fast Retransmit / Fast Recovery*.

Per identificar algunes de les diferents versions de TCP que s'han fet al llarg del temps s'han utilitzat noms de ciutats: Tahoe, Vegas, Reno. A la versió que implementa només *Slow Start / Congestion Avoidance Fast Retransmit / Fast Recovery* se la coneix amb el nom de TCP Reno. En la actualitat les implementacions milloren encara més el comportament de TCP amb algorismes addicionals: NewReno, SACK... que no explicarem.

Quan el secundari de TCP rep un segment d'informació fora de seqüència, sempre envia una confirmació del segment que espera rebre (a diferència dels algorismes ARQ bàsics explicats en la secció 3.1, on suposàvem que el secundari deixava d'enviar acks). D'aquesta manera, quan es perd un segment, el secundari envia un ack amb el mateix número de seqüència cada vegada que rep un segment d'informació: el del segment perdut. Aquests acks s'anomenen acks duplicats.

Fast Retransmit / Fast Recovery es basen en l'observació que quan es reben confirmacions consecutives que no confirmen noves dades (confirmacions duplicades), són una indicació que s'han produït pèrdues. Per això, TCP retransmet el segment que sospita que s'ha perdut sense esperar que salti el timeout (això s'anomena *fast retransmit*). A més, intenta tornar a *congestion avoidance* sense haver de passar un altre cop per *slow start* (això s'anomena *fast recovery*).

La figura 3.32 mostra un pseudocodi explicatiu d'aquests algorismes. Quan TCP rep el tercer ack duplicat (és a dir, 4 acks amb el mateix número de seqüència):

- Retransmet el segment.

- Calcula el `ssthresh` com la meitat de la finestra actual (igual que quan salta el timeout).

- Fixa `cwnd = ssthresh + 3 MSS`: La finestra que suposa que hi havia abans de la pèrdua, més els 3 segments que han generat els acks duplicats.

- Passa a la fase de *fast recovery*. Durant la fase de *fast recovery*, per cada ack duplicat s'incrementa la finestra en un MSS, per poder enviar un nou segment (si ho deixa la finestra).

- Quan arriba un segment que confirma noves dades se surt de *fast recovery* i es posa `cwnd = ssthresh`, per iniciar la fase de *congestion avoidance*.

La figura 3.33 il·lustra el funcionament dels algorismes de *Fast Retransmit / Fast Recovery*. La part superior de la figura mostra una traça capturada en el primari amb l'evolució dels números de seqüència i les confirmacions, en un interval de temps on es produeix una pèrdua. La part inferior de la figura mostra l'evolució de la `cwnd`. Quan el primari rep 3 acks duplicats la finestra val `cwnd = 8 MSS`. En aquest moment el primari retransmet el segment perdut, calcula `ssthresh = 4 MSS`, fixa `cwnd = 4 + 3 =`

```
Cada cop que es rep un ack:
        si(es rep un ack duplicat) {
                si(és el 3 ack duplicat) {
                        retransmet snd_una ;
                        ssthresh = max(min(awnd, cwnd) / 2, 2 MSS) ;
                        cwnd = ssthresh + 3 MSS ;
                        fast_recovery = CERT ;
                } altrament si(fast_recovery == CERT) {
                        cwnd += MSS ;
                }
        } altrament {   /* es confirmen noves dades */
                si(fast_recovery == CERT) {
                        cwnd = ssthresh ;
                        fast_recovery = FALS ;
                } altrament {
                        /* Slow Start / Congestion Avoidance */
                }
        }
```

Figura 3.32: Algorismes de *Fast Retransmit / Fast Recovery*.

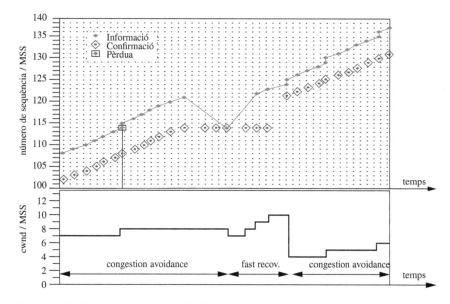

Figura 3.33: Traça explicativa dels algorismes de *Fast Retransmit / Fast Recovery*.

7 MSS i entra en la fase de *fast recovery*. En aquesta fase, el primari augmenta cwnd en MSS per cada ack duplicat. Com que quan entra en *fast recovery* hi ha 8 segments sense confirmar, el primari pot enviar nous segments després de rebre dos ack duplicats més (cwnd augmenta fins a 9 MSS). Quan es confirma el segment retransmès (primer ack que arriba després dels acks duplicats), el primari surt de *fast recovery* i posa cwnd = ssthresh = 4 MSS. Com que en aquest moment només hi ha 2 segments sense confirmar, el primari pot enviar-ne 2 més. A partir d'aquest moment, el primari entra en fase de *congestion avoidance*.

3.4.6 Càlcul del RTO – RFC 2988 [53]

TCP manté un temporitzador per controlar les retransmissions: *Retransmission TimeOut* (RTO). Aquest temporitzador està activat sempre que hi ha dades pendents de confirmar. Cada vegada que arriba una confirmació de noves dades: (1) TCP calcula el valor de l'RTO. (2) Si hi ha més dades pendents de confirmar, aleshores el temporitzador s'actualitza al valor calculat, altrament el temporitzador es desactiva.

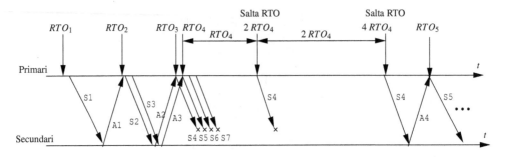

Figura 3.34: Diagrama de temps explicatiu de l'RTO.

Per calcular l'RTO, TCP estima la mitjana (`srtt`) i desviació (`rttvar`) del *Round Trip Time* (RTT). Si la variable `M` té la mesura de l'RTT, aleshores l'RTO s'actualitza de la següent manera:

```
srtt = (1 - alpha) * srtt + alpha * M ;
rttvar = (1 - beta) * rttvar + beta * |srtt - M| ;
RTO = srtt + 4 * rttvar ;
```

On `alpha = 1/8` i `beta = 1/4`. Fixeu-vos que si `M` és constant, aleshores en successives iteracions `srtt` acabarà valent el valor d'`M`, i `rttvar` valdrà 0. El valor de l'RTO es fixa a la mitjana de l'RTT mesurat, més 4 vegades la desviació. És a dir, com més gran sigui la variabilitat del d'RTT, major serà la desviació i, per tant, la diferència entre el valor de l'RTO i l'estimació de l'RTT (per evitar que l'RTO salti prematurament i es facin retransmissions innecessàries).

Si salta l'RTO, es retransmet el segment `snd_una` i es duplica el valor de l'RTO: `RTO = RTO * 2`. D'aquesta manera si un mateix segment s'ha de tornar a retransmetre, TCP s'espera el doble del temps esperat en la transmissió anterior. Això es fa per evitar que la xarxa es pugui tornar inestable. Quan es tornen a confirmar noves dades (s'aconsegueix transmetre un segment amb èxit) aleshores l'RTO es torna a actualitzar segons les fórmules anteriors.

La figura 3.34 mostra un diagrama de temps explicatiu del temporitzador de retransmissió. En la figura el segment `S4` es retransmet dues vegades. La figura mostra els instants en que s'actualitza el temporitzador amb una fletxa vertical. Aquest són els instants en que es confirmen noves dades, o es produeix una retransmissió. En cas de retransmissió, l'RTO es fixa a dues vegades el valor que tenia anteriorment.

Per mesurar l'RTT les implementacions actuals de TCP fan servir l'opció *timestamp* de la capçalera TCP. Aquesta opció consisteix a enviar un *timestamp* en la capçalera dels segments (el valor del rellotge del host quan TCP envia el segment) i afegir també un echo del *timestamp* del segment que confirmen. D'aquesta manera, quan arriba l'ack, la diferència entre el rellotge del host i el valor que porta l'echo del *timestamp* és una mesura acurada de l'RTT. En el bolcat de `tcpdump` de la figura 3.26 es pot veure el funcionament d'aquesta opció.

Apèndixs

3.A   Exemple de programació amb sockets TCP

Llistat del servidor TCP:

```
#include <sys/socket.h>
#include <netinet/in.h>
#include <string.h>

main(void)
{
    int orig_sock, new_sock ;
    struct sockaddr_in clnt_addr, serv_addr ;
    int clnt_len = sizeof(clnt_addr) ;

    bzero(&serv_addr, sizeof(serv_addr)) ;
    serv_addr.sin_family = AF_INET ;
    serv_addr.sin_addr.s_addr = htonl(INADDR_ANY) ;
    serv_addr.sin_port = htons(3333) ;

    orig_sock = socket(AF_INET, SOCK_STREAM, IPPROTO_TCP) ;
    bind(orig_sock, (struct sockaddr *)&serv_addr, sizeof(serv_addr)) ;
    listen(orig_sock, 5) ;
    do {
        new_sock = accept(orig_sock, (struct sockaddr *)&clnt_addr, &clnt_len) ;
        if(fork() == 0) {
            char msg[] = "hello world\n" ;
            write(new_sock, msg, strlen(msg)) ;
            close(new_sock) ;
            exit(0) ;
        } else close(new_sock) ;
    } while(1) ;
}
```

Llistat del client TCP:

```
#include <sys/socket.h>
#include <netinet/in.h>
#include <string.h>
#include <netdb.h>
#include <stdio.h>

main(int argc, char *argv[])
{
    int orig_sock ;
    struct sockaddr_in serv_addr ;
    struct hostent *host ;

    if(argc != 2) {
        fprintf(stderr, "usage: %s hostname\n", argv[0]) ;
        exit(1) ;
    }
    host = gethostbyname(argv[1]) ;
    if(host == NULL) {
        perror("gethostbyname ") ;
        exit(2) ;
    }
    bzero(&serv_addr, sizeof(serv_addr)) ;
    serv_addr.sin_family = AF_INET ;
```

```
    memcpy(&serv_addr.sin_addr, host->h_addr, host->h_length) ;
    serv_addr.sin_port = htons(3333) ;
    orig_sock = socket(AF_INET, SOCK_STREAM, IPPROTO_TCP) ;
    connect(orig_sock, (struct sockaddr *)&serv_addr, sizeof(serv_addr)) ;
    char buf ;
    while( read(orig_sock, &buf, 1) > 0) {
        printf("%c", buf) ;
    }
    close(orig_sock) ;
}
```

3.B   Exemple de programació amb sockets UDP

Llistat del servidor UDP:

```
#include <sys/socket.h>
#include <netinet/in.h>
#include <string.h>

main(void)
{
    int sock ;
    struct sockaddr_in clnt_addr, serv_addr ;
    int clnt_len = sizeof(clnt_addr) ;

    bzero(&serv_addr, sizeof(serv_addr)) ;
    serv_addr.sin_family = AF_INET ;
    serv_addr.sin_addr.s_addr = htonl(INADDR_ANY) ;
    serv_addr.sin_port = htons(3333) ;

    sock = socket(AF_INET, SOCK_DGRAM, IPPROTO_UDP) ;
    bind(sock, (struct sockaddr *)&serv_addr, sizeof(serv_addr)) ;
    do {
        char buf ;
        if( recvfrom(sock, &buf, 1, 0,
                    (struct sockaddr *)&clnt_addr, &clnt_len) >= 0) {
            char msg[] = "hello world\n" ;
            sendto(sock, msg, strlen(msg), 0,
                    (struct sockaddr *)&clnt_addr, clnt_len) ;
        }
    } while(1) ;
}
```

Llistat del client UDP:

```
#include <sys/socket.h>
#include <netinet/in.h>
#include <string.h>
#include <netdb.h>
#include <stdio.h>

main(int argc, char *argv[])
{
    int sock ;
    struct sockaddr_in clnt_addr, serv_addr ;
    struct hostent *host ;
    int serv_len = sizeof(serv_addr) ;

    if(argc != 2) {
```

```
        fprintf(stderr, "usage: %s hostname\n", argv[0]) ;
        exit(1) ;
}
host = gethostbyname(argv[1]) ;
if(host == NULL) {
        perror("gethostbyname ") ;
        exit(2) ;
}
serv_addr.sin_family = AF_INET ;
memcpy(&serv_addr.sin_addr, host->h_addr, host->h_length) ;
serv_addr.sin_port = htons(3333) ;

sock = socket(AF_INET, SOCK_DGRAM, IPPROTO_UDP) ;
clnt_addr.sin_family = AF_INET ;
clnt_addr.sin_addr.s_addr = htonl(INADDR_ANY) ;
clnt_addr.sin_port = htons(0) ;
bind(sock, (struct sockaddr *)&clnt_addr, sizeof(clnt_addr)) ;

char buf[1024] ;
sendto(sock, &buf, 0, 0,
       (struct sockaddr *)&serv_addr, sizeof(serv_addr)) ;
recvfrom(sock, &buf, sizeof(buf), 0,
         (struct sockaddr *)&serv_addr, &serv_len) ;
printf("%s", buf) ;
close(sock) ;
}
```

Tema 4

Xarxes d'àrea local

L'objectiu d'aquest tema és l'estudi de les xarxes de àrea local (*Local Area Networks*, LAN). El desenvolupament d'aquest tipus de xarxes s'origina els anys 70 amb l'objectiu d'interconnectar de forma econòmica un nombre reduït de computadors, impressores i altres dispositius, en una àrea geogràfica petita, com és un edifici o un campus. Tot i que hi ha hagut moltes propostes i productes comercials per LANs, avui en dia la tecnologia dominant és ethernet. En aquest tema s'estudien alguns conceptes bàsics relacionats amb les LANs, fent èmfasi en l'estudi de les xarxes ethernet.

4.1 Introducció a les LANs

En els temes anteriors hem estudiat els protocols IP i TCP. Aquests protocols permeten la interconnexió heterogènia de xarxes: És a dir, permeten la connexió de hosts independentment de la xarxa física on estat connectats. L'única cosa que necessiten els protocols TCP/IP és disposar de xarxes físiques que siguin capaces de transportar datagrames.

En aquest tema ens fixarem en les xarxes físiques. Si les classifiquem segons l'abast tenim:

- *Wide Area Network*, WAN (xarxes de gran abast): Tenen com a condició de disseny poder cobrir una àrea geogràfica extensa (per exemple un país) i amb un número il·limitat (o molt gran) d'estacions. L'exemple més clar és la xarxa telefònica. Així doncs, la condició de disseny més important per a aquestes xarxes és l'escalabilitat.

- *Local Area Network*, LAN (xarxes d'àrea local): Tenen com a condició de disseny la interconnexió d'un nombre limitat d'estacions en un àrea geogràfica petita, per exemple, un edifici. En aquest cas, l'escalabilitat no és tan important.

Segons les estratègies d'interconnexió, podem classificar les xarxes en:

- *Switched network* (xarxa commutada): Està formada per una interconnexió de "commutadors" que tenen com a objectiu encaminar la informació entre els dos nodes que es comuniquen (vegeu la figura 4.1(a)). El seu objectiu és, doncs, semblant a la dels routers. Ara, però, ens estem referint a dispositius dissenyats per a una xarxa física en concret, i el seu funcionament és típicament a nivell 2. L'avantatge més important d'aquest tipus de xarxa és la seva escalabilitat: A mesura que volem expandir la xarxa, simplement hi hem d'afegir més commutadors. Per aquest motiu, les WANs són sempre xarxes commutades. Un exemple és la xarxa telefònica.

- *Multiaccess network* (xarxa d'accés múltiple): L'inconvenient d'una xarxa commutada és que els commutadors poden encarir bastant la xarxa. Per això, típicament, les tecnologies LAN que s'han desenvolupat s'han basat en una aproximació més econòmica: L'accés múltiple. En una xarxa d'aquest tipus hi ha un medi compartit, com pot ser una transmissió ràdio (vegeu la figura 4.1(b)),

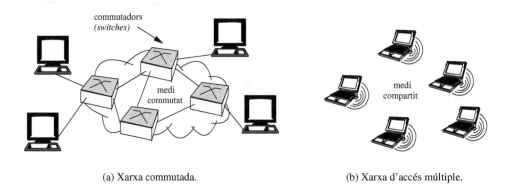

(a) Xarxa commutada.   (b) Xarxa d'accés múltiple.

Figura 4.1: Estratègies d'interconnexió.

un bus o un anell (com veurem més endavant). D'aquesta manera, quan l'estació transmissora envia un missatge, el reben tots els possibles destinataris, però només l'estació on va dirigida se'l queda i les altres el descarten. Amb aquesta aproximació ens estalviem els commutadors, però necessitem un protocol de "control d'accés al medi" (*Medium Access Control*, MAC) perquè les estacions que volen transmetre ho facin de forma ordenada.

4.2 Topologies

Tal com s'ha explicat en la introducció, les tecnologies LAN que s'han desenvolupat en la pràctica es basen típicament en un medi compartit. Una possibilitat és fer servir l'espai lliure i una transmissió via ràdio, com es mostra en la figura 4.1(b). Aquesta possibilitat fins fa poc era massa cara i tradicionalment les LANs han fet servir medis cablejats. Una característica importat en el disseny de la LAN és la connexió o topologia de les estacions. Tot i que hi ha diverses topologies possibles (arbre, malla, estrella, bus i anell), les LANs que s'han desenvolupat en la pràctica s'han dissenyat normalment amb una topologia en bus o anell. Aquestes dues topologies s'expliquen a continuació.

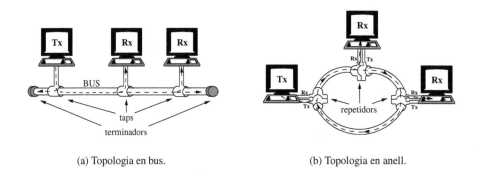

(a) Topologia en bus.   (b) Topologia en anell.

Figura 4.2: Topologies.

4.2.1 LAN en bus

La figura 4.2(a) nostra una LAN amb topologia en bus. El bus pot consistir en un cable coaxial. Les estacions estan connectades al bus per uns *taps* que intercepten el bus. Quan una estació transmet, el senyal es propaga pel bus i el reben totes les estacions. En els extrems del bus hi ha unes resistències anomenades terminadors. Els terminadors eviten que el senyal es reflecteixi i provoqui *echos* que produirien interferències.

L'exemple més rellevant de LAN en bus és Ethernet, que estudiarem en detall en la secció 4.6.

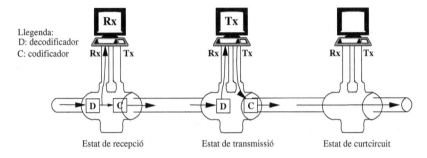

Figura 4.3: Estats del repetidor en una topologia en anell.

4.2.2 LAN en anell

La figura 4.2(b) nostra una LAN amb topologia en anell. Cada estació es connecta a l'anell amb un repetidor que intercepta l'anell. Els repetidors poden estar en tres estats (vegeu la figura 4.3):

- Recepció: El repetidor decodifica el senyal i al cap d'un cert retard $T =$ bits de retard $/ v_t$ lliura els bits decodificats a l'estació que té connectada, i torna a codificar el senyal per enviar-lo anell avall.

- Transmissió: El repetidor decodifica el senyal i al cap d'un cert retard $T =$ bits de retard $/ v_t$ lliura els bits decodificats a l'estació que té connectada. Ara, però, transmet anell avall els bits que rep de l'estació.

- Curtcircuit: Si no hi ha cap estació connectada (o si té alguna falla) el repetidor pot passar a un estat de curtcircuit. És com si el repetidor no hi fos.

Exemples de xarxes LAN en anell són *Token-Ring*, desenvolupat per IBM i FDDI. *Token-Ring* ha estat la segona tecnologia amb èxit comercial després d'Ethernet. Actualment, però, ha quedat pràcticament substituïda per Ethernet. FDDI es va desenvolupar per poder cobrir una àrea geogràfica relativament extensa i a elevada velocitat. Està format per un anell dual de fibra òptica de fins a 100 km i 100 Mbps. Un dels dos anells serveix de tolerància a falles. Típicament FDDI s'ha fet servir com a *backbone*. Actualment també ha perdut mercat davant d'Ethernet, que, com veurem, ha desenvolupat estàndards a 100 Mbps i fins i tot a 10 Gbps.

4.3 Arquitectura IEEE d'una LAN

L'organisme capdavanter en l'estandardització de LANs ha estat l'IEEE. Els estàndards LAN desenvolupats per l'IEEE tenen el prefix 802. La taula 4.1 mostra els estàndards que han tingut un major èxit comercial.

IEEE va decidir definir una interfície comú amb els nivells superiors per tots els seus estàndards LAN: IEEE 802.2 *Logical Link Control* (LLC) [12][1]. D'aquesta manera, l'IEEE va definir el model de referència que mostra la figura 4.4. En aquest model de referència, el nivell d'enllaç del model de referència

---

[1]Els estàndards 802 de l'IEEE es poden descarregar lliurament des de l'URL:
http://standards.ieee.org/getieee802

Estàndard	Nom comercial
802.3	Ethernet
802.5	Token-Ring
802.11	Wireless Fidelity (WiFi)

Taula 4.1: Estàndards IEEE 802 de major èxit comercial.

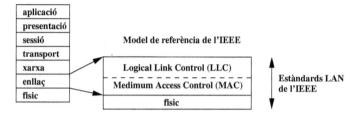

Figura 4.4: Arquitectura IEEE d'una LAN.

OSI es divideix en dos subnivells: *Logical Link Control* (LLC) i *Medium Access Control* (MAC). La figura 4.5 mostra l'encapsulament d'aquest dos nivells i en les pròximes subseccions s'expliquen alguns detalls. L'acrònim PDU vol dir *Protocol Data Unit*. Aquest nom es va introduir en el model de referència OSI per referir-se a les estructures de dades que fa servir cada nivell. El CRC que afegeix el MAC serveix per al control d'errors.

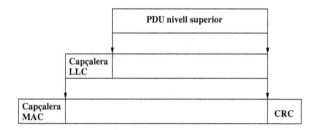

Figura 4.5: Encapsulament dels subnivells LLC i MAC.

4.3.1 Logical Link Control (LLC)

El subnivell *Logical Link Control* (LLC) defineix la interfície amb el nivell superior. L'estàndard defineix tres tipus de serveis: (i) No orientats a la connexió, (ii) orientat a la connexió i (iii) confirmats i no orientat a la connexió. La figura 4.6 mostra la capçalera LLC.

L'estàndard es refereix als camps *Destination SAP* (DSAP) i *Source SAP* (SSAP) com a "adreces LLC", tot i que tenen poc a veure amb el concepte d'adreça que hem vist fins ara. L'acrònim SAP vol dir *Service Access Point*. Aquest nom es va introduir en el model de referència OSI per referir-se al "punt de comunicació" entre nivells. En el cas concret de l'estàndard LLC, el SAP té un significat anàleg al camp de protocol de la capçalera IP: identifica el nivell superior on ha de lliurar-se el contingut de la trama. La taula 4.2 mostra algunes de les adreces assignades en aquest camp. El camp de control identifica el tipus de comanda. Segons el tipus, pot tenir un o dos bytes.

4.3.2 Medium Access Control (MAC)

A diferència del subnivell LLC, el subnivell *Medium Access Control* (MAC) és diferent per a cada tecnologia LAN. El seu objectiu és regular l'accés al medi compartit. En la secció 4.6 estudiarem en detall el

```
0 1 2 3 4 5 6 7 8 9 0 1 2 3 4 5 6 7 8 9 0 1 2 3 bits
+-+-+-+-+-+-+-+-+-+-+-+-+-+-+-+-+-+-+-+-+-+-+-+-+
|Destination SAP| Source SAP  | Control        |
+-+-+-+-+-+-+-+-+-+-+-+-+-+-+-+-+-+-+-+-+-+-+-+-+
```

Figura 4.6: Capçalera LLC.

SAP (hex)	Significat
06	ARPANET Internet Protocol (IP)
08	SNA
42	IEEE 802.1 Bridge Spanning Tree Protocol
98	ARPANET Address Resolution Protocol (ARP)
AA	SubNetwork Access Protocol (SNAP)
E0	Novell NetWare
F0	IBM NetBIOS
FF	Global LSAP

Taula 4.2: Exemple d'algunes adreces SAP assignades per l'IEEE.

MAC d'Ethernet. L'estructura de dades (PDU) de nivell MAC s'anomena "trama" i és el que finalment es transmetrà per la xarxa física. La figura 4.7 mostra el format general d'una trama MAC. Les adreces MAC font i destinació identifiquen respectivament l'estació que transmet i l'estació a qui va dirigida la trama. El camp de control porta informació addicional pel funcionament del protocol. El *payload* porta la PDU de nivell superior (és un camp de mida variable). Finalment, el camp CRC porta un control d'errors de tota la trama (de forma anàloga al checksum d'un segment TCP).

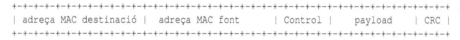

```
+-+-+-+-+-+-+-+-+-+-+-+-+-+-+-+-+-+-+-+-+-+-+-+-+-+-+-+-+-+-+-+-+-+-+-+-+-+
| adreça MAC destinació | adreça MAC font  | Control |  payload  | CRC |
+-+-+-+-+-+-+-+-+-+-+-+-+-+-+-+-+-+-+-+-+-+-+-+-+-+-+-+-+-+-+-+-+-+-+-+-+-+
```

Figura 4.7: Format genèric d'una trama MAC.

4.4 Tipus de MAC

Tal com s'ha introduït en la secció 4.3.2, l'objectiu del MAC és regular l'accés de les estacions al medi compartit. A més, és desitjable que el protocol estigui distribuït: És a dir, que no faci falta un "àrbitre regulador" per controlar l'accés. El protocol MAC també ha de ser eficient i equitatiu (no hi ha d'haver estacions privilegiades que puguin aconseguir velocitats de transmissió majors que les altres). En la pràctica s'han fet servir dues estratègies per al disseny de protocols MAC:

- *Pas de testimoni* (MAC per pas de testimoni): En aquest tipus de MAC l'accés està regulat per un "testimoni" (*token*). L'estació que té el testimoni és la que pot transmetre i les altres han de restar en silenci. El testimoni es va passant entre les estacions, típicament després de la transmissió d'una trama l'estació passa el testimoni. Una analogia seria un grup de persones que es van passant el torn de paraula per poder xerrar.

- *Accés al medi aleatori* (MAC aleatoris): En aquest tipus de MAC no existeix testimoni. En canvi, les estacions proven de transmetre, i si es dóna la mala sort que dues ho fan simultàniament (quan això passa es parla d'una "col·lisió"), aleshores s'esperen un temps aleatori (anomenat "temps de *backoff*") i ho tornen a intentar. Perquè el MAC sigui equitatiu, totes les estacions han de tenir el mateix generador pel temps de *backoff*. Així doncs, en un MAC aleatori hi ha una probabilitat no nul·la que dues estacions col·lisionin. Les col·lisions, però, no són un mal funcionament de la xarxa, sinó que tenen una funció semblant a la del *token* en una xarxa per pas de testimoni.

En la pràctica s'han comercialitzat MACs per pas de testimoni per LANs amb topologia en anell (per exemple, FDDI i Token-Ring), i MACs aleatoris per LANs amb topologia en bus (per exemple Ethernet). Tot i això, la topologia i el MAC no estan lligats. Per exemple, l'estàndard IEEE-802.4 (*Token-Bus*) especifica un MAC per pas de testimoni per una xarxa amb topologia en bus. Aquest estàndard, però, no ha arribat a tenir èxit comercial. A causa de la importància d'Ethernet (avui en dia acapara el mercat de LANs) la resta del tema el dedicarem a estudiar els MACs aleatoris i en particular Ethernet.

4.5 Protocols MAC aleatoris

Tal com s'ha explicat en la secció 4.4, un protocol MAC aleatori es caracteritza per tenir una probabilitat no nul·la que dues estacions transmetin simultàniament. Quan això passa, es diu que es produeix una "col·lisió". Per entendre millor com funciona un protocol d'aquest tipus, farem un repàs dels protocols MAC aleatoris que s'han proposat en la pràctica, començant pel més senzill, Aloha, fins arribar a Ethernet.

4.5.1 Aloha

Aquest protocol es va dissenyar a principis dels anys 1970 a la universitat de Hawaii pel professor Norm Abramson. L'objectiu era comunicar els computadors dels campus que hi havia distribuïts per les diferents illes, via ràdio i de la forma més senzilla possible.

És interessant estudiar aquest protocol perquè és fàcil d'avaluar, i del seu anàlisi podem extreure conclusions extrapolables als altres MACs aleatoris.

Les regles bàsiques del protocol són les següents:

1. Quan una estació té una trama llesta per transmetre, l'envia immediatament.

2. Després d'enviar una trama, l'estació espera que arribi una confirmació. Si no arriba en un temps fixat, aleshores l'estació suposa que s'ha produït una col·lisió. En aquest cas, l'estació espera un temps aleatori (temps de *backoff*) i torna al punt 1.

3. Si una estació rep una trama correcta, envia immediatament la confirmació.

Figura 4.8: Diagrama de temps vist des de la NIC d'una estació Aloha.

La figura 4.8 nostra el que veuria la NIC d'una estació Aloha. Si l'estació rep dues trames simultàniament com mostra la figura, la superposició del senyal farà que la NIC no pugui rebre correctament cap de les dues trames. Potser la NIC detectarà una sola trama, barreja de les dues. En aquest cas, el CRC detectarà que la trama és incorrecta i la NIC la descartarà. Si alguna de les dues trames anava destinada a l'estació que les ha rebut superposades, la NIC de l'estació transmissora descobrirà que s'ha produït una col·lisió perquè no rebrà la confirmació i retransmetrà la trama.

A continuació avaluarem el protocol Aloha. Per fer-ho introduirem les següent definicions:

- $N(T)$: Mitjana del nombre de trames que s'envien a la xarxa sense col·lisionar durant un temps d'observació T ($N(T)$ inclou les trames que transmet qualsevol de les estacions de la xarxa).

- $C(T)$: Nombre de trames que col·lisionen durant un temps d'observació T.

- t_i: Mitjana del temps de transmissió de les trames.

- E: Eficiència de la xarxa: $E = \frac{N(T)t_t}{T}$

- G: Càrrega oferta: $G = \frac{(N(T)+C(T))t_t}{T}$

Tot seguit s'explica el significat de l'eficiència i la "càrrega oferta" d'una LAN. L'eficiència es defineix com la suma de la velocitat de transmissió eficaç aconseguida per les estacions, respecte la velocitat de transmissió de la LAN. És a dir, si en la xarxa hi ha N estacions, l'estació i aconsegueix transmetre a una velocitat eficaç de $v_{ef}^{(i)}$, i la velocitat de transmissió de la LAN és de v_t bps, aleshores:

$$E = \frac{\sum_{i=1}^{N} v_{ef}^{(i)}}{v_t} \tag{4.1}$$

Si les estacions es reparteixen el medi compartit equitativament i totes les $v_{ef}^{(i)}$ són iguals a v_{ef}, podem escriure l'equació anterior com:

$$E = \frac{N v_{ef}}{v_t} \tag{4.2}$$

Com que: $N v_{ef} = \{$bits d'informació enviats per les estacions$\}/T$ i $v_t = 1/\{$temps de transmissió d'un bit$\}$, substituint en 4.2:

$$E = \frac{\text{bits d'informació enviats per les estacions} \times \text{temps de transmissió d'un bit}}{T} = \frac{N(T)t_t}{T} \tag{4.3}$$

El resultat 4.3 també el podríem haver deduït del concepte d'eficiència: Temps que aprofitem: $N(T)t_t$ respecte el temps d'observació T. Com que $N(T)/T$ mesura la quantitat de trames per segon sense col·lisió que es transmeten per la xarxa i $1/t_t$ és la velocitat de transmissió de la LAN en trames per segon, l'eficiència també es pot interpretar com la "càrrega lliurada" per la xarxa. Les trames totals que s'envien són les que es transmeten sense col·lisió ($N(T)$) i les que col·lisionen ($C(T)$). D'aquí que $G = (N(T)+C(T))t_t/T$ es pugui interpretar com la "càrrega oferta" per les estacions.

Suposem ara que la càrrega oferta segueix una *distribució de Poisson*. Aquesta suposició és semblant a suposar que les trames es llancen a l'atzar sobre l'eix de temps: Les que se superposen seran les trames que col·lisionaran i les que no seran les que es transmetran sense col·lisió. Amb aquesta suposició s'obté la següent equació per l'eficiència (E) en funció de la càrrega oferta (G) (la deducció d'aquesta equació es pot trobar en l'apèndix 4.A):

$$E = Ge^{-2G} \tag{4.4}$$

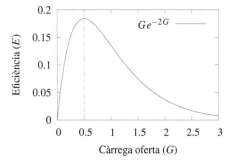

Figura 4.9: Eficiència del MAC Aloha.

La figura 4.9 mostra la representació gràfica de la fórmula 4.4. D'aquesta gràfica podem extreure diverses conclusions importants:

- L'eficiència màxima del protocol és molt baixa. Si calculem el seu valor (derivant i igualant a zero): $dE/dG = e^{-2G} - 2Ge^{-2G} = 0$, aleshores tenim que el màxim de l'eficiència s'assoleix per $G = 1/2$ i val $E = \frac{1}{2e} \approx 0,18$. És a dir, l'eficiència màxima és només d'un 18%! Aquest resultat pot semblar molt desfavorable, però ha de matisar-se. Pel seu càlcul hem fet la hipòtesi que la càrrega oferta segueix una distribució de Poisson. Aquesta suposició només és vàlida si hi ha moltes estacions que transmeten i ho fan enviant les trames distribuïdes de forma aleatòria en el temps. A més, quan la càrrega oferta s'apropa a 1, vol dir que gairebé sempre hi ha alguna estació amb alguna trama llesta per transmetre. Amb aquestes condicions parlarem d'una xarxa "molt carregada". En una LAN, però, aquestes suposicions solen ser molt pessimistes. Normalment, les estacions transmeten ràfegues de trames durant petits períodes de temps, ja que la velocitat de transmissió de la xarxa és molt elevada i el nombre d'estacions sol ser reduït. Si això és així, quan una estació vol transmetre, normalment serà l'única estació que estarà enviant trames a la LAN (quan es dóna aquesta condició direm que la LAN està "poc carregada"). En aquest cas, Aloha es comportarà com un *stop & wait*. Així doncs, si el temps de propagació és petit en comparació al temps de transmissió de les trames, l'eficiència serà pròxima al 100%!

  La conclusió és que en un MAC aleatori si la LAN està poc carregada, quan les estacions transmeten podran fer-ho a velocitats pròximes a la de la velocitat de la LAN: L'eficiència serà elevada i els usuaris veuran una xarxa ràpida. En canvi, si la LAN està molt carregada, l'eficiència serà baixa i els usuaris veuran una xarxa lenta.

- Una altra conclusió important que podem observar en la figura 4.9 és que a partir del punt on s'assoleix l'eficiència màxima, l'eficiència comença a disminuir i tendeix a zero així com augmenta G! L'explicació d'aquest fenomen "d'inestabilitat" és el següent: Si a partir del punt d'eficiència màxima les estacions continuen augmentant la càrrega oferta, el que passa és que cada vegada hi ha més col·lisions i la xarxa tendeix a transmetre només trames que han col·lisionat, que a la vegada tornen a col·lisionar. S'han proposat diferents propostes per resoldre aquest problema. Ethernet, per exemple, fa el següent: Cada vegada que hi ha la retransmissió d'una mateixa trama, la mitjana de la variable aleatòria que es fa servir per calcular el temps de *backoff* es duplica (de forma anàloga a l'RTO de TCP). A més, després d'un cert nombre d'intents, el MAC descarta la trama. D'aquesta manera el MAC no deixa que la càrrega oferta creixi més enllà del punt on la xarxa es torna inestable.

4.5.2   Carrier Sense Multiple Access (CSMA)

La baixa eficiència d'Aloha es pot millorar en alguns casos. Suposem que els retards de propagació són petits en comparació amb el temps de transmissió de la trama. Si una estació vol transmetre, i ho fa immediatament (com faria Aloha) provocarà amb molta probabilitat una col·lisió si el medi estava ocupat. CSMA consisteix a escoltar el medi abans de transmetre. Si el medi està lliure, l'estació transmet immediatament; si està ocupat, aleshores l'estació s'espera que el medi quedi lliure abans de transmetre. Igual que en Aloha, en CSMA també hi ha confirmacions, i la seva absència s'identifica amb una col·lisió. En aquest cas, la trama s'intenta retransmetre després d'un temps de *backoff*.
En cas que el medi estigui ocupat, hi ha dues estratègies:

- *CSMA 1 persistent*: Quan l'estació que vol transmetre veu que el medi s'allibera, aleshores transmet immediatament. Es diu "1 persistent" perquè l'estació transmet amb probabilitat 1 quan veu el medi lliure. Aquest mecanisme té l'inconvenient que si hi ha diverses estacions que estan esperant (o l'estació que transmet té més trames per transmetre), aleshores es produirà una col·lisió amb probabilitat 1 quan acabi la transmissió que hi ha en curs.

- *CSMA no persistent*: En aquest cas, l'estació que vol transmetre no transmet amb probabilitat 1. En canvi, quan el medi s'allibera s'espera un temps aleatori (diferent del *backoff* que hi ha després d'una col·lisió) i repeteix l'algorisme CSMA-no persistent.

4.6   Ethernet

A mitjans dels anys 1970, Bob Metcalfe va dissenyar un protocol per interconnectar els computadors de l'empresa Xerox on treballava. Metcalfe es va basar en el protocol Aloha per al seu disseny. Al protocol que va dissenyar li va posar el nom de "Ethernet", en referència a la idea que es tenia antigament que hi havia una substància (l'ether) que omplia l'espai i per on es propagaven les ones electromagnètiques. Actualment Ethernet s'ha convertit amb la tecnologia LAN que més es fa servir. A causa de la seva importància, en la resta d'aquest tema l'explicarem en detall.

4.6.1   Trames Ethernet

En la pràctica es fan servir dos formats de trames Ethernet: El format Ethernet II o DIX i el format IEEE-802.3. Els dos formats són compatibles i es poden fer servir simultàniament. L'explicació de l'existència dels dos formats és la següent: Després del disseny de Metcalfe, un consorci format per les empreses Digital, Intel i Xerox (DIX) va comercialitzar les primeres targes Ethernet amb el format de les trames que es coneix com Ethernet II o DIX. Més tard, l'IEEE va publicar l'estàndard 802.3 amb el mateix protocol, però un petit canvi en el format de les trames per fer-ho coherent amb l'estàndard 802.2, que en l'IEEE és comú a tots els MACs.

La figura 4.10 mostra el format de les trames Ethernet II o DIX. En el cas de fer servir el format DIX, no es fa servir el subnivell LLC (vegeu la secció 4.3). El significat dels camps és el següent:

- Preàmbul: Serveix per sincronitzar les targes en la recepció de la trama.

- Adreces destinació i font: Identifiquen l'estació transmissora i receptora. Tenen 6 bytes (48 bits) i són úniques per cada tarja: L'organisme d'estandardització IEEE subministra blocs d'adreces a les empreses que en fabriquen per garantir la seva unicitat.

- Tipus: Identifica el protocol de nivell superior (IP, ARP, etc.). En l'RFC 1700 [36, secció "ETHER TYPES"], hi ha el valor que ha assignat l'IETF a aquest camp per a cada tipus de protocol. Per exemple, per un datagrama IP es fa servir el valor 0x0800.

- Payload: Camp d'informació. Pot tenir entre 46 i 1500 bytes. El motiu que hi hagi una mida mínima s'explica en la secció 4.6.3. Si el nombre de bytes d'informació és inferior a 46, Ethernet afegeix bytes addicionals fins a 46. En aquest cas, hi ha d'haver algun mecanisme que permeti descobrir els bytes que s'han afegit. Per exemple, en el cas de portar un datagrama IP, això es pot deduir a partir del camp *header length* de la capçalera IP.

- CRC: Serveix per a la detecció d'errors.

La figura 4.11 mostra el format de les trames IEEE-802.3. Comparant les figures 4.10 i 4.11 podem veure que l'única diferència és el camp de tipus, que en les trames 802.3 és un camp amb la mida del payload de la trama (*length*). A causa d'aquest camp, amb 802.3 no cal cap mecanisme addicional per poder descobrir els bytes que pot haver afegit el MAC per arribar al mínim de 46 (el camp de *length* no els compta). Per exemple, si la PDU de nivell superior té només 30 bytes, aleshores el camp de *length* té el valor de 30, mentre que el camp de payload tindrà 46 bytes.

Per poder fer compatibles els dos formats, els valors del camp de tipus que es fa servir en les trames DIX és sempre major de 1500. D'aquesta manera, quan el *driver* d'una estació rep una trama amb un valor del camp de tipus menor o igual a 1500, aleshores interpreta que la trama rebuda té el format 802.3; altrament, identifica que té el format DIX.

```
+----------+----------+---------+---------+----------+---------+
|Preamble  |Destination|Source MAC|Frame type| Payload  | CRC     |
|(8 bytes) |MAC Address|Address  |(2 bytes) |(46 to    |(4 bytes)|
|          |(6 bytes) |(6 bytes)|          |1500 bytes)|         |
+----------+----------+---------+---------+----------+---------+
```

Figura 4.10: Format de la trama Ethernet II o DIX.

```
+----------+----------+---------+---------+----------+---------+
|Preamble  |Destination|Source MAC|Length of| Payload  | CRC     |
|(8 bytes) |MAC Address|Address  |the frame|(46 to    |(4 bytes)|
|          |(6 bytes) |(6 bytes)|(2 bytes)|1500 bytes)|         |
+----------+----------+---------+---------+----------+---------+
```

Figura 4.11: Format de la trama IEEE-802.3.

Cal recordar que tots els estàndards LAN de l'IEEE fan servir el subnivell LLC (vegeu la secció 4.3). Per tant, quan es fa servir 802.3, el protocol de nivell superior hauria de venir identificat pels camps DSAP i SSAP del nivell LLC (vegeu la secció 4.3). Això representa un problema addicional de cara a fer compatibles 802.3 amb DIX: Els camps SAP del LLC tenen només 1 byte, mentre el camp de tipus de DIX en té 2. De manera que hi ha protocols que tenen un valor assignat per al camp tipus en les trames DIX que no tenen una adreça SAP assignada (perquè no hi ha tantes adreces SAP disponibles).

Per solventar alguns problemes d'interoperabilitat entre protocols (com l'explicat anteriorment), l'I-EEE va definir una extensió del LLC anomenada *Sub-Network Access Protocol* [14] (SNAP). L'adreça SAP d'aquest protocol és 0xAA (vegeu la taula 4.2). Quan es fa servir el protocol SNAP, després de la capçalera LLC s'afegeix la capçalera que mostra la figura 4.12. El camp *Organizationally Unique Identifier* (OUI) de la trama SNAP representa l'organisme que defineix els protocols i el camp *Type* identifica un protocol específic.

```
+---------------------+---------+
|OUI (Organizationally|Type     |
|Unique Id)           |(2 bytes)|
|(3 bytes)            |         |
+---------------------+---------+
```

Figura 4.12: Format de la capçalera SNAP.

```
+-------+------+------+------+--------+------+-----------+---------+
| MAC   | DSAP | SSAP |Contr.|  OUI   | Type | PDU nivell| CRC     |
| 802.3 | 0xAA | 0xAA | 0x03 |0x000000|2bytes| superior  |(4 bytes)|
+-------+------+------+------+--------+------+-----------+---------+
        <--------LLC-------> <-----SNAP---->
```

Figura 4.13: Trama IEEE-802.3 amb les capçaleres LLC i SNAP segons l'RFC 1042.

L'RFC 1042 [28] va especificar l'ús del protocol SNAP per a la integració de TCP/IP en una xarxa Ethernet 802.3. En aquest cas el camp de control LLC porta el valor 0x03 (*Unnumbered Information*), el camp OUI de la capçalera SNAP es posa tot a zeros i el camp *Type* de la capçalera SNAP porta el valor que s'especifica en l'RFC 1700 [36] (igual que el camp "tipus" de les trames DIX). La figura 4.13 mostra com queda una trama 802.3 amb les capçaleres LLC i SNAP segons les indicacions d'aquest RFC. Aquestes dues capçaleres ocupen 8 bytes, per tant, la PDU de nivell superior pot tenir fins un màxim de 1492 bytes. Així doncs, l'opció MSS que proposarà el protocol TCP durant el *three-way-handshaking* en una xarxa Ethernet amb un *driver* que transmet trames 802.3 serà de 1452 bytes. En canvi, si el *driver* transmet trames DIX, l'opció MSS serà de 1460 bytes.

4.6.2   Protocol MAC Ethernet

Al protocol que fa servir Ethernet se'l coneix com *CSMA with Collision Detection* (CSMA/CD). La idea és la mateixa que el CSMA, però ara l'estació continua escoltant el medi mentre transmet la trama i deixa de transmetre immediatament si detecta una col·lisió. Si no es detecta col·lisió durant la transmissió de la trama, aleshores s'assumeix que no hi ha hagut col·lisió. Per tant, no cal que l'estació receptora enviï una confirmació.

L'organisme d'estandardització IEEE ha estandarditzat Ethernet amb l'estàndard IEEE-802.3 [15]. Els detalls del protocol són els següents:

1. Transmissió: CSMA/CD 1 persistent. Entre trames, però, el medi ha d'estar sense senyal durant un temps major o igual a l'anomenat *Inter Packet Gap* (IPG), que l'estàndard fixa en 12 bytes (96 bits). Per tant, si una estació vol transmetre diverses trames consecutives, s'espera un IPG després de cada transmissió. Igualment, abans de començar una transmissió una estació espera (si cal) que hagi passat al menys un IPG des de l'últim bit rebut.

2. Col·lisió: Quan hi ha una col·lisió, es deixa de transmetre la trama immediatament i es transmet un "senyal de *jam*" (*jam* en anglès vol dir "embús"). Aquest senyal té una mida de 32 bits i ha de ser tal que els bits enviats no puguin ser mai una trama vàlida. Després l'estació espera un temps de *backoff* i torna al punt 1.

3. El temps de *backoff* ($t_{backoff}$) és igual a [15, secció 4.2.3.2.5]:

$$t_{backoff} = n \cdot T_t^{(512)} \tag{4.5}$$

On:

- $T_t^{(512)}$ és el temps de transmissió de 512 bits (per exemple: 51,2 μs a 10 Mbps). L'estàndard anomena aquest temps *slot time* (temps de ranura).

- n és un número enter aleatori uniformement distribuït en $\{0, 2^{\min\{N,10\}} - 1\}$. $N \geq 1$ és el nombre de retransmissions de la trama.

Per exemple, a 10 Mbps, si hi ha una col·lisió es tria un backoff que pot valer 0 o 51,2 μs. Si torna a haver-hi col·lisió, es tria un backoff que pot valer: 0; 51,2; 102,4 o 153,6 μs i així successivament. Això es repeteix un màxim de 16 vegades. Si la retransmissió número 16 torna a col·lisionar, la trama es descarta.

Observacions:

- l'IPG serveix per donar temps a les estacions a detectar el medi lliure. Serveix també per fer el sincronisme de trama (quan el medi queda sense senyal, les targes interpreten que hi ha el final de recepció de la trama).

- Si una estació té una trama llesta per transmetre, quan s'allibera el medi espera un IPG i inicia la transmissió de la trama, independentment que en l'instant d'iniciar la transmissió el medi estigui ocupat o no [15, secció 4.2.3.2.1]. D'aquesta manera, dues estacions que esperen que s'alliberi el medi per transmetre, col·lisionaran i activaran el mecanisme de *backoff*. Si no es fes així, una estació que tingués un IPG lleugerament més petit bloquejaria les altres estacions i l'accés no seria equitatiu.

- El *jam* serveix perquè cap estació pugui detectar una trama que ha col·lisionat com a una trama correcte. El *jam* simplement són uns bits que fan que el control d'errors de la trama doni una trama sempre errònia i, per tant, totes les targes descartaran la trama.

- Si la col·lisió es detecta durant la transmissió del preàmbul de la trama (vegeu la secció 4.6.1), el senyal de *jam* es comença a transmetre immediatament després del preàmbul (és a dir, el preàmbul no s'interromp per començar a transmetre el *jam*.

- L'algorisme de *backoff* genera un número aleatori amb mitjana que es multiplica per dos cada vegada que es retransmet la mateixa trama. D'aquesta manera s'intenta eliminar el problema d'inestabilitat que hi pot haver en els MACs aleatoris.

- Si dues estacions volen transmetre simultàniament de forma sostinguda, després de cada transmissió hi haurà sempre una col·lisió: Perquè l'estació que ha acabat espera un IPG i transmet de nou i l'altra fa una espera 1-persistent. La primera estació que triï un *backoff* més petit serà la que aconseguirà transmetre després de la col·lisió. Això passarà de mitjana un 50% de vegades per a cada estació, perquè l'algorisme de *backoff* és el mateix per a totes les estacions. Així doncs, les dues estacions es repartiran el medi de forma equitativa.

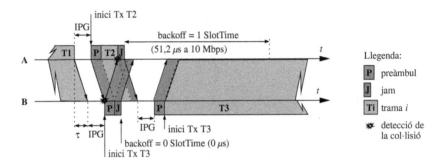

Figura 4.14: Exemple del diagrama de temps d'una col·lisió Ethernet.

La figura 4.14 mostra el diagrama de temps explicatiu del que passa en una col·lisió Ethernet. En el diagrama, l'estació **A** està transmetent una trama (T1) i l'estació **B** té una trama llesta per transmetre (T3). Cada bit transmès per l'estació **A** arriba a **B** després del retard o latència τ entre les dues estacions. Suposem que l'estació **A** té més trames per transmetre (T2). Quan **A** acaba la transmissió, les dues estacions fan una transmissió 1-persistent, és a dir, quan veuen el medi lliure s'esperen un IPG i comencen a transmetre. Això provocarà una col·lisió. L'estació **B** detectarà la col·lisió mentre transmet el preàmbul de la trama T3. Així doncs, immediatament després de transmetre el preàmbul, l'estació **B** envia el senyal de *jam*. Igualment, l'estació **A** detectarà una col·lisió quan comenci a rebre el preàmbul de l'estació **B**. És possible que l'estació **A** ja hagi començat a transmetre T2 (com mostra la figura). En aquest cas, l'estació **A** deixa de transmetre immediatament i transmet el senyal de *jam*. Després de detectar la col·lisió, cada estació calculara un temps de *backoff*, triant aleatòriament entre $\{0, 1\}$ *slot times*. Suposem que l'estació **B** tria 0 i l'estació **A** tria 1. Si les dues estacions triessin el mateix número, aleshores tornaria a haver-hi una col·lisió i les estacions tornarien a provar triant entre $\{0, 1, 2, 3\}$ *slot times*. Després de transmetre el senyal de *jam*, les dues estacions esperen el temps de *backoff* que han calculat i tornen a escoltar el medi. L'estació **B** el trobarà lliure, per tant, iniciarà la transmissió de T3 després d'un IPG. Quan l'estació **A** escolti el medi, el trobarà ocupat amb T3. Per tant, s'esperarà a acabar de rebre la trama i farà la transmissió 1-persistent de T2 tot seguit.

4.6.3   Mida mínima d'una trama Ethernet

Tal com s'ha explicat en la secció 4.6.2, en CSMA/CD s'espera que l'estació que transmet la trama detecti si ha col·lisionat o no. Per això, l'estació receptora no envia confirmació. Aquesta condició introdueix una restricció en la mida mínima que poden tenir les trames, com veurem a continuació. Suposem que en la topologia de la figura 4.15(a), les estacions A i C comencen a transmetre una trama gairebé de

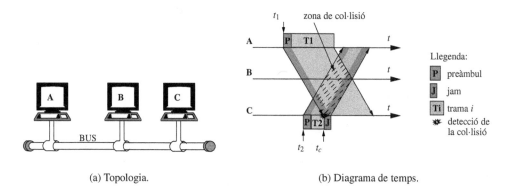

(a) Topologia.   (b) Diagrama de temps.

Figura 4.15: Exemple de col·lisió no detectada.

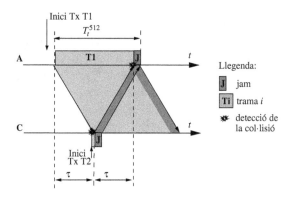

Figura 4.16: Càlcul de la latència màxima.

forma simultània (en els instants t_1 i t_2) cap a l'estació B. Tal com hem vist en la secció 4.6.2, aquesta simultaneïtat passarà sovint en la xarxa: cada vegada que dues estacions esperen que s'alliberi el medi per transmetre.

La figura 4.15(b) mostra el diagrama de temps de la transmissió de les dues trames. Tal com mostra la figura 4.15(b), al propagar-se les dues trames es produeix una "zona de col·lisió". Qualsevol estació que escolta en aquesta zona (com són les estacions B i C) detecten una col·lisió. Quan l'estació C detecta la col·lisió, atura la transmissió de la seva trama i envia el senyal de *jam*. L'estació A, en canvi, queda fora de la zona de col·lisió perquè envia una trama massa petita i ja ha acabat la transmissió de la seva trama abans de començar a rebre la trama enviada per l'estació C. Això farà que l'estació C retransmeti la trama que ha col·lisionat, però no l'estació A. Així doncs, cal assegurar que la mida de les trames enviades permeti detectar sempre les col·lisions.

Del raonament anterior podem deduir que hi ha una relació entre la trama mínima que es pot transmetre i la latència màxima de la xarxa. És a dir, com més gran sigui la trama mínima que es pugui transmetre, més gran podrà ser la latència màxima que hi podrà haver en la xarxa perquè no hi hagi col·lisions no detectades. L'estàndard Ethernet fixa la mida mínima de la trama (sense el preàmbul) a 64 bytes (512 bits). L'estàndard 802.3 [15] anomena aquest temps *slot time* (temps de ranura). D'aquí que descomptant les adreces (2×6 bytes), camp *type/leght* (2 bytes) i CRC (4 bytes) queden els 46 bytes que ha de tenir com a mínim el camp de *payload*. La xarxa ha de dissenyar-se perquè sempre es pugui detectar una col·lisió al transmetre una trama de mida mínima.

En concret, l'estàndard 802.3 [15, secció 4.2.3.2.3] diu literalment: *the slot time shall be larger than the sum of the Physical Layer round-trip propagation time and the Media Access Layer maximum jam time*. És a dir, si el *round-trip* és de 2τ segons, aleshores ha de complir-se:

$$T_t^{(512)} > 2\tau + T_{jam} \tag{4.6}$$

On T_{jam} és el temps de transmissió del *jam* (3,2 μs a 10 Mbps).

A continuació intentarem justificar la relació anterior. En la justificació no tindrem en compte el preàmbul de les trames. Si el tinguéssim en compte la condició no seria tan restrictiva. És possible que no tenir en compte el preàmbul sigui una marge de seguretat introduït per l'estàndard. En la deducció també tindrem en compte que l'estàndard diu que la trama de mida mínima ha de ser un límit superior del fragment generat per una trama que ha col·lisionat [15, secció 4.2.3.2.3]. És a dir, en cas de col·lisió, abans del temps de transmissió d'una trama de mida mínima, l'estació ha d'haver tingut temps de transmetre el *jam*.

Suposem que en la topologia de la figura 4.15(a), la latència màxima és de τ segons. És a dir, el retard entre les dues estacions més allunyades (A i C) és de τ segons (el *round-trip* serà 2τ). Suposem que aquestes dues estacions transmeten una trama (vegeu la figura 4.16). El cas més desfavorable és que l'estació C comenci a transmetre just abans de començar a rebre la transmissió de A: És a dir, τ segons més tard (això és juntament el que passa en l'exemple de la secció 4.6.2). Perquè l'estació A detecti la col·lisió, ha de continuar transmetent fins que arriba la transmissió de C: És a dir, τ segons més. D'aquí deduïm que si el temps de transmissió d'una trama de mida mínima és $T_t^{(512)}$, aleshores perquè no hi pugui haver col·lisions no detectades ha complir-se que: $T_t^{(512)} > 2\tau$. Si en aquest temps, a més, volem que l'estació A tingui temps de transmetre el *jam* (com diu l'estàndard), aleshores obtenim la desigualtat (4.6).

El temps $T_t^{(512)}$ es coneix amb el nom de "finestra de col·lisió" i mesurat en bits val 512 bits (en segons és $512/v_t$). El nom és degut al següent motiu. Suposem que una estació envia una trama de mida major a 64 bytes. Una conseqüència de l'equació (4.6) és que després d'un temps igual a $T_t^{(512)}$ no és possible que l'estació detecti una col·lisió. Altrament, voldria dir que l'equació (4.6) no es compleix. La col·lisió d'una trama després d'haver passat la finestra de col·lisió és una indicació de retards excessius en la xarxa. Quan això es produeix es parla d'una *late collision* i algunes targes ho registren. Per exemple, en un router cisco la comanda `show interface` d'una interfície Ethernet dóna entre altres la següent informació: `0 babbles, 0 late collision, 143 deferred`. El significat és el següent: *babbles* (balbucejar) es refereix al nombre de cops que el temporitzador de la funció de *jabber* (parlotejar) ha expirat (vegeu la secció 4.6.5); *late collision* es refereix al nombre de cops que la tarja ha mesurat aquesta condició; *deferred* (posposat) es refereix al nombre de cops que el primer intent de transmissió d'una trama s'ha posposat perquè el medi estava ocupat.

El fet de fixar la mida mínima de les trames en 512 bits implica que la recepció d'una trama vàlida de mida inferior és una condició d'error: Voldria dir que la tarja que l'ha enviat no controla correctament la transmissió de trames de mida mínima. Aquest tipus d'error s'anomena *runt* (en anglès vol dir animal de mida anormalment petita). En la pràctica, és normal que en una xarxa Ethernet hi hagi trames inferiors a 512 bits: Les que resulten d'una col·lisió. Les trames que col·lisionen, però, tindran el CRC incorrecte i es descartaran.

Podem veure que el *slot time* que es fa servir en el càlcul de temps de *backoff* (equació (4.5), pàgina 81) és justament la finestra de col·lisió ($T_t^{(512)}$). El motiu és assegurar que dues estacions que triïn números aleatoris diferents pel càlcul del *backoff* no col·lisionin.

Observació: Tal com s'explica en la secció 4.6.5, hi ha nombrosos estàndards de nivell físic Ethernet amb diferents velocitats de transmissió. La restricció explicada anteriorment és vàlida només per als estàndards a 10 i 100 Mbps (coneguts comercialment com Ethernet i Fast Ethernet). Hi ha estàndards Ethernet a 1 Gbps (coneguts com a Gigabit Ethernet) on l'equació 4.6 introdueix una limitació massa restrictiva per la latència. Per exemple, per una velocitat de propagació de $2 \cdot 10^8$ m/s i suposant que la latència només depèn de la propagació en el medi, per complir l'equació 4.6 la distància màxima D d'un segment Gigabit Ethernet seria de:

$$(512 - 32)\text{bits}/10^9\text{bps} > 2D/(2 \cdot 10^8\text{m/s})$$

És a dir: $D < 48$ m. Com que es desitja tenir segments d'almenys 100 m, en els estàndards Gigabit Ethernet la mida mínima de la trama canvia. Per exemple, en l'estàndard 1000BaseT la mida mínima (sense incloure el preàmbul) és de 512 bytes (en comptes dels 512 bits d'Ethernet). Per mantenir la compatibilitat amb els estàndards anteriors, en 1000BaseT s'ha definit el format de trama que mostra la figura 4.17. Podem veure que l'única diferència amb el format Ethernet (vegeu la figura 4.11), és que s'ha afegit el camp *Extension*. En aquest camp s'afegeixen (si és necessari) els bytes addicionals que permeten arribar a la mida mínima de 512 bytes. Aquests bytes es transmeten amb una codificació especial (*carrier extension symbols*) que permet distingir-los en la NIC que rep la trama.

En mode *full duplex* no hi ha col·lisions (vegeu la secció 4.6.4). Per tant, no és necessari introduir la restricció de la trama mínima explicada en aquest apartat. Per exemple, en mode *full duplex*, Gigabit Ethernet no fa servir els *extension symbols*.

```
+-----------+-----------+----------+---------+----------+----------+---------+
|Preamble   |Destination|Source MAC|Length of| Payload  | CRC      | Extension|
|(8 bytes)  |MAC Address|Address   |the frame|(46 to    |(4 bytes) |(variable)|
|           |(6 bytes)  |(6 bytes) |(2 bytes)|1500 bytes)|         |          |
+-----------+-----------+----------+---------+----------+----------+---------+
```

Figura 4.17: Format de la trama Gigabit Ethernet.

4.6.4 Funcionament full duplex

Tal com s'explica en la pròxima secció, els estàndards Ethernet que es fan servir en l'actualitat són amb cable UTP o fibra òptica. Amb fibra òptica i en la majoria dels casos on es fa servir UTP, es fan servir línies diferents per a la transmissió i recepció. En aquest casos, la col·lisió es detecta perquè es rep senyal per la línia de recepció mentre s'està transmetent per la línia de transmissió.

En els estàndards Ethernet que fan servir línies diferents per a la transmissió i recepció, si es connecten dues targes (per exemple, dues estacions amb un cable creuat o una estació directament a un *switch*), aleshores és possible la transmissió i recepció simultànies. Per aquest motiu, hi ha targes Ethernet que suporten el mode de funcionament *full duplex*. Amb aquest mode de funcionament es desactiva el mecanisme d'accés CSMA/CD, ja que es possible transmetre i rebre simultàniament. Per tant, amb mode de funcionament *full duplex*, una línia 10BaseT, per exemple, podrà transmetre i rebre simultàniament aproximadament a 10 Mbps. Les targes que no estan en mode *full duplex* es diu que estan en mode *half duplex*. Les targes que suporten el mode de funcionament *full duplex* tenen un mecanisme d'autonegociació, de tal manera que si es connecten a una tarja que no ho suporti, passaran al mode de funcionament *half duplex*. Un altre avantatge del mode *full duplex* és que al no produir-se col·lisions, deixa d'haver-hi el problema de la trama mínima. Per tant, l'equació (4.6) ja no és necessari que es compleixi. Per aquest motiu, en mode *full duplex* i fibra òptica es poden fer servir segments de longitud de l'ordre de kilòmetres (l'atenuació és el factor que limita la distància màxima).

Com que hi ha d'haver línies separades per transmetre i rebre, no tots els estàndards Ethernet poden funcionar en mode *full duplex*. La taula 4.3 indica quins ho permeten. Un *hub* tampoc pot tenir aquest mode de funcionament. Això és perquè el senyal que rep per la línia d'entrada un port ha d'enviar-lo per les línies de sortida de tots els altres ports. Per tant, si rep senyal per més d'una línia d'entrada, no podrà enviar simultàniament aquests senyals per les línies de sortida de tots els altres ports.

4.6.5 Nivell físic Ethernet

Hi ha nombrosos estàndards Ethernet de nivell físic. La taula 4.3 mostra els més rellevants. La revisió [15] de l'estàndard 802.3 inclou (entre altres) l'especificació de tots els estàndards de la taula 4.3.

També hi ha estàndards Ethernet amb fibra òptica, que permeten cobrir distàncies majors per la seva baixa atenuació (vegeu el tema 5). La denominació "XBaseY" té el següent significat: "X" fa referència a la velocitat de transmissió en Mbps. La paraula "Base" fa referència a que la codificació és en "banda base" (vegeu el tema 5). Finalment, "Y" pot tenir diversos significats: Si és un número fa referència a la distància màxima (aproximada) del segment en centenar de metres, altrament fa referència al tipus de medi de transmissió ("T": Parell Trenat, "F": Fibra òptica) i pot ser alguna altra característica ("4": Fa servir els 4 parelles trenats, "X": Full duplex).

Nom comercial	Estàndard	Any	Denomi- nació	Cable	Parells UTP	Connec- tor	Codificació	Distància segment*	
								Half-D	Full-D
Ethernet	802.3	1983	10Base5	Coaxial *thick*		AUI	Manchester	500 m	No
	802.3a	1985	10Base2	Coaxial *thin*		BNC	Manchester	185 m	No
	802.3i	1990	10BaseT	UTP cat. 3	2	RJ45	Manchester	100 m	100 m
	802.3j	1993	10BaseFL	FO	2	RJ45	Manchester	2000 m	> 2000 m
Fast Ethernet	802.3u	1995	100BaseTX	UTP cat. 5	2	RJ45	4B/5B	100 m	100 m
	802.3u	1995	100BaseT4	UTP cat. 3	4	RJ45	8B/6T	100 m	No
	802.3u	1995	100BaseFX	FO	2	SC	4B/5B	412 m	2000 m
	TIA/EIA-785	1999	100BaseSX	FO/led	2	SC	4B/5B	300 m	300 m
Gigabit Ethernet	802.3z	1998	1000BaseSX	FO	2	FO	8B/10B	275-316 m	275-550 m
	802.3z	1998	1000BaseLX	FO	2	FO	8B/10B	316 m	550-5000 m
	802.3z	1998	1000BaseLH	FO	2	FO	8B/10B	No	100 km
	802.3ab	1999	1000BaseT	UTP cat. 5e	4	RJ45	PAM5	100 m	100 m
10 Gigabit Ethernet	802.3ae	2002	10GBaseCX4	InfiniBand (coure)	4	CX4	8B/10B	No	15 m
	802.3ae	2002	10GBaseSR	FO	2	FO	64B/66B	No	26-300 m
	802.3ae	2002	10GBaseLR	FO	2	FO	64B/66B	No	10 km

* Amb FO la distància depèn del tiups de FO.

Taula 4.3: Estàndards de nivell físic Ethernet més rellevants.

10Base5 va ser el primer estàndard Ethernet de l'IEEE. La figura 4.18 mostra els ingredients d'una xarxa 10Base5. El medi de transmissió és un cable coaxial anomenat *thick* (gruixut). Aquest cable té dos apantallaments, 0,5" de diàmetre i normalment és de color groc. Amb aquest cable es fan servir connectors anomenats de tipus "N" (vegeu la figura 4.22(a)). Amb 10Base5 les estacions es connecten al cable coaxial mitjançant un dispositiu actiu anomenat *transceiver* (de *transmitter/receiver*) o MAU (*Media Access Unit*). La MAU es connecta al cable coaxial mitjançant un *tap* (en aquest context, *tap* vol dir "punxar una línia de comunicacions"). Hi ha dos tipus de *taps* per 10Base5: Un anomenat *vampire* (vampir), que punxa el coaxial per fer contacte amb els conductors (vegeu la figura 4.20(a)); i l'altre que fa servir connectors de tipus N (vegeu la figura 4.20(b)). La MAU es connecta amb la NIC amb un cable AUI (*Attachment Unit Interface*) amb connectors DB15, vegeu la figura 4.22(b).

L'estàndard especifica que la MAU ha de tenir la següent funció de "tolerància a falles": Una tarja Ethernet ha de transmetre un IPG després de cada trama per donar oportunitats de transmissió a les altres estacions. Si una tarja té un malfuncionament i transmet contínuament a la xarxa, aleshores la xarxa es quedaria bloquejada. Per evitar-ho, si una tarja transmet de forma sostinguda durant un temps major a un temps de seguretat, aleshores la MAU desconnecta l'estació de la xarxa. Aquesta condició d'error s'anomena *jabber* (parlotejar) i el sistema de protecció s'anomena "funció de *jabber*". El temps de transmissió d'una trama de mida màxima a 10 Mbps és aproximadament de: $1500 \cdot 8/10^7 = 1,2$ ms. L'estàndard diu que la funció de *jabber* ha d'activar-se si hi ha un intent de transmissió major de 150 ms (és a dir, major de 10 vegades el temps de transmissió d'una trama de mida màxima).

Com és fàcil d'endevinar, el cablatge d'una xarxa 10Base5 és bastant car, per això ben aviat es varen estandarditzar solucions més econòmiques. Primer es va especificar l'estàndard 10Base2, que fa servir un coaxial amb un sol apantallament de 0,25", anomenat *thin* (fi) i connectors BNC (vegeu la figura 4.23(a)). El cable i els connectors són sensiblement més econòmics que els que es fan servir amb 10Base5. A més, típicament no es fa servir MAU (està integrada en la NIC) i el coaxial es connecta a la NIC amb un connector BNC en T (vegeu les figures 4.19 i 4.23(b)). També hi ha MAUs amb un connector BNC que

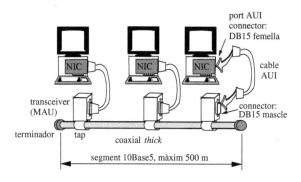

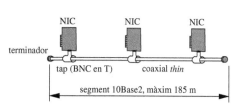

Figura 4.18: Segment 10Base5.   Figura 4.19: Segment 10Base2.

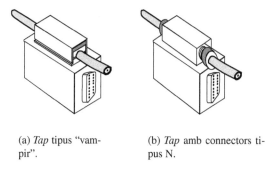

(a) *Tap* tipus "vam-   (b) *Tap* amb connectors ti-
pir".   pus N.

Figura 4.20: Transceivers (MAUs) 10Base5.

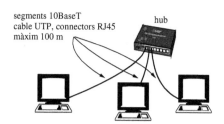

Figura 4.21: Xarxa 10BaseT.

permet cablejar NICs amb port AUI fent servir coaxial *thin*.

Finalment es va estandarditzar el que s'ha convertit amb el cablatge més econòmic: 10BaseT (figura 4.21). Tant és així, que 10Base5 i 10Base2 han quedat obsolets. En 10BaseT les estacions es connecten a un repetidor (*hub*). El *hub* decodifica el senyal que rep per un port i el transmet, amb un retard de pocs bits, per tots els altres ports. 10BaseT fa servir cable UTP i connectors RJ45 en la NIC i el repetidor (vegeu la figura 4.24). També hi ha MAUs amb un connector RJ45 que permet cablejar NICs amb port AUI fent servir cable UTP. El cable UTP està estandarditzat per l'organisme d'estandardització EIA/TIA i té 4 parells trenats identificats amb colors com s'indica en la taula 4.4(a). Hi ha dos connexionats: L'EIA/TIA-568A (taula 4.4(b)) i l'EIA/TIA-568B (taula 4.4(c)). Per fer cables directes (connexió DCE-DTE) es fa el mateix connexionat en els dos extrems del cable UTP. En l'apèndix 4.B s'explica com fer un cable creuat (per poder connectar DCE amb DCE o DTE amb DTE).

A causa d'aquesta barreja d'estàndards i connectors, durant un temps varen ser populars les NIC "combo" (vegeu la figura 4.25). Aquestes NICs porten un port AUI, per connectar a una MAU 10Base5; un port BNC, per connectar a una xarxa 10Base2; i un port RJ45 per connectar a una xarxa 10BaseT. Evidentment, només hi pot haver un dels ports connectat. També era freqüent barrejar Ethernets de nivell físic amb diferents cablatges en una mateixa xarxa: Per exemple, fent servir 10Base5 com a *backbone* (per cobrir distàncies majors), d'on pengen segments 10Base2 o 10BaseT. Hi ha convertidors que permeten aquestes barreges. En l'actualitat, però, els cablatges amb coaxial (10Base5 i 10Base2) han quedat obsolets en favor del cablatge amb UTP. Si es necessita cobrir distàncies majors de les que permet UTP, aleshores es fa servir fibra òptica.

A 10BaseT han seguit els estàndards coneguts comercialment com *Fast Ethernet* a 100 Mbps i Gigabit Ethernet a 1 Gbps (vegeu la taula 4.3). Fins i tot, el juny de 2002 es va completar l'estàndard 10GBase

(a) Coaxial *thick* amb connectors tipus N.

(b) Cable AUI amb connectors DB15.

Figura 4.22: Cables i connectors 10Base5.

(a) Coaxial *thin* amb connectors BNC.

(b) Connector BNC en T.

Figura 4.23: Cables i connectors 10Base2.

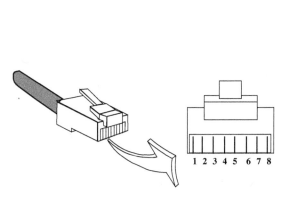

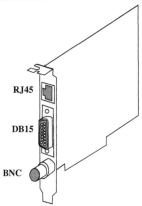

Figura 4.24: Connector RJ45 i numeració dels pins.   Figura 4.25: NIC "combo".

Ethernet a 10 Gbps. 10GBase opera només en mode full-duplex.

4.7 Switches Ethernet

Tal com s'ha vist en la secció 4.5.1, un elevat nombre de col·lisions pot reduir considerablement l'eficiència d'una LAN amb accés al medi aleatori. Per aquest motiu, quan el nombre d'estacions d'una xarxa Ethernet comença a créixer, apareix la necessitat de segmentar o dividir el "domini de col·lisions". Amb aquest nom es coneix el conjunt d'estacions que comparteixen el mateix medi de transmissió i que poden col·lisionar directament entre elles. Per exemple, un conjunt d'estacions connectades a un segment 10Base5, 10Base2 o a un *hub* formen un "domini de col·lisions". Un router, en canvi, segmenta el domini de col·lisions. Això és perquè quan rep una trama per un port, no la transmet simultàniament per cap altra port (com faria un *hub*), sinó que: (i) Captura la trama completament; (ii) processa el datagrama

Parell	Fil	Color
1	1	white/blue
	2	blue
2	1	white/orange
	2	orange
3	1	white/green
	2	green
4	1	white/brown
	2	brown

(a) Parells d'un cable UTP.

Pin	Parell	Fil	Color
1	3	1	white/green
2		2	green
3	2	1	white/orange
4	1	2	blue
5		1	white/blue
6	2	2	orange
7	4	1	white/brown
8		2	brown

(b) Connexionat EIA/TIA-568A.

Pin	Parell	Fil	Color
1	2	1	white/orange
2		2	orange
3	3	1	white/green
4	1	2	blue
5		1	white/blue
6	3	2	green
7	4	1	white/brown
8		2	brown

(c) Connexionat EIA/TIA-568B.

Taula 4.4: Cablatge UTP.

IP i decideix per quin port s'ha de transmetre; (iii) s'emmagatzema en la cua de transmissió del port que toca; (iv) es transmet la trama accedint al medi com ho faria qualsevol altra estació. Aquest tipus de processat s'anomena *store & forward* (emmagatzemar i encaminar cap endavant). Del raonament anterior deduïm que cada port del router és un "domini de col·lisions" diferent.

Amb l'objectiu de segmentar el domini de col·lisions d'una xarxa Ethernet, però de forma més econòmica que amb un router, es varen introduir els dispositius anomenats *bridges*. Un *bridge* és un dispositiu amb un nombre reduït de ports (per exemple 2) que, igual que un router, també fa un processat *store & forward* de les trames, però a nivell 2. Un *bridge* té una NIC diferent en cada port. El funcionament és el següent: El *bridge* disposa d'una "taula MAC" on hi ha les tuples {adreça MAC, # port}. És a dir, en la "taula MAC" hi ha apuntat el port d'on "penja" cada adreça MAC. Quan arriba una trama per un port, el *bridge*: (i) La captura completament; (ii) mira la taula MAC per saber per quin port s'ha de transmetre; (iii) s'emmagatzema en la cua de transmissió del port que toca; (iv) es transmet la trama accedint al medi com ho faria qualsevol altra estació. Del raonament anterior deduïm que cada port del *bridge* és un "domini de col·lisions" diferent.

La "taula MAC" no ha d'inicialitzar-se manualment, sinó que la construeix el *bridge* de forma automàtica (es parla de *learning bridges*). Per fer-ho, cada vegada que arriba una trama, el *bridge* mira l'adreça font. Si l'adreça no es troba en la taula MAC, aleshores hi apunta que aquella adreça "penja" del port d'on ha arribat. Després mira l'adreça destinació. Si l'adreça no es troba en la taula MAC (o si és una adreça *broadcast*), aleshores es fa una còpia de la trama en les cues de transmissió de tots els ports (excepte del que ha arribat). Així, la trama es transmetrà per tots els ports per assegurar que arriba a la destinació. Si l'adreça destinació es troba en la taula, aleshores es posa la trama només en la cua de transmissió del port que diu la taula. De forma anàloga a les cache ARP (vegeu la secció d'ARP del tema 2), per mantenir les taules petites i actualitzades les entrades tenen un *time-out*. Cada vegada que una entrada es fa servir, el *time-out* es refresca. Si salta el *time-out*, l'entrada s'esborra de la taula.

Després dels *bridges* es varen introduir els *switches* (commutadors). Un *switch* té la mateixa funcionalitat que un *bridge*, però amb més ports i major capacitat de commutació de trames entre els ports (d'aquí el seu nom). La figura 4.26 mostra l'arquitectura genèrica d'un commutador Ethernet. L'element de commutació *switch fabric* és capaç de commutar trames simultàniament entre ports diferents. Per exemple, una estació A connectada al port 1 que transmet cap a una estació B connectada al port 2 ho pot fer simultàniament a una estació C connectada al port 3 que transmet cap a una estació D connectada al port 4. Això vol dir que si els ports són a 10 Mbps, per exemple, aleshores les estacions A i B podran transmetre de forma simultània aproximadament a 10 Mbps cap a les destinacions (suposant que les destinacions no transmeten). En la secció 4.7.4 es donen més exemples de com els *switches* reparteixen el medi de transmissió.

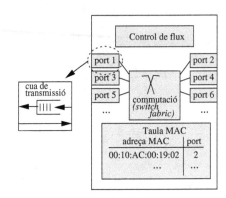

Figura 4.26: Arquitectura genèrica d'un switch Ethernet.

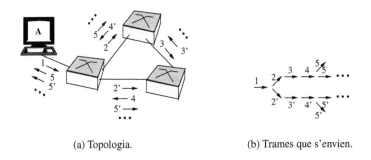

(a) Topologia.   (b) Trames que s'envien.

Figura 4.27: Problemàtica que pot aparèixer al connectar switches amb bucles.

4.7.1 Spanning Tree Protocol

De la descripció anterior podem veure que un *switch* també té funcions d'encaminament, que a primera vista poden semblar similars a les d'un router: En una xarxa formada per *switches* Ethernet, quan les taules MAC estan inicialitzades, les trames "salten" de *switch* a *switch* des de l'origen fins a la destinació. Hi ha, però, una diferència important: Els routers es poden connectar amb una topologia arbitrària (l'algorisme d'encaminament s'encarregarà d'actualitzar les taules adequadament). Els *switches*, en canvi, no admeten una topologia arbitrària. Suposem, per exemple, la topologia de la figura 4.27(a). Si l'estació A envia una trama *broadcast*, cada *switch* transmetrà la trama per tots els ports, excepte per on arriba la trama. Així doncs, es generarà la seqüència de transmissions que detalla la figura 4.27(b): És a dir, si no es pren cap mesura, hi haurà trames que es quedaran donant voltes indefinidament en el bucle. Això pot fer que fàcilment la xarxa es saturi i deixi de funcionar correctament.

La conclusió del exemple anterior és que en una xarxa amb switches no hi pot haver bucles. Per altra banda, en la pràctica és desitjable que n'hi pugui haver. Un motiu és evitar que la connexió accidental d'un bucle pugui provocar un mal funcionament de la xarxa. Si la xarxa és gran, és fàcil que això passi. Un altre motiu és que en la pràctica pot ser desitjable que hi hagi bucles per tenir tolerància a falles: És a dir, tenir diversos camins alternatius perquè si un d'ells deixa de funcionar, l'altre el pugui substituir.

Per solventar els problemes que representen els bucles en la interconnexió de *switches*, es va desenvolupar l'estàndard STP (*Spanning Tree Protocol*), que després ha estat substituït pel RSTP (*Rapid Spanning Tree Protocol*) [17, secció 17]. En poques paraules, els *switches* que fan servir RSTP s'intercanvien un conjunt de missatges per deixar una topologia "en arbre", en què no hi hagi bucles. Perquè sempre quedi una topologia en arbre, RSTP pot deixar alguns ports en estat de "bloqueig". Els ports que estan en aquest estat descarten totes les trames de dades que reben i, per tant, no participen en la inicialització de la taula MAC. Les úniques trames que capturen els ports en l'estat de "bloqueig" són els missatges

RSTP. De manera que els ports poden passar a l'estat normal de funcionament si hi ha un canvi en la topologia que ho requereixi.

4.7.2 Dominis broadcast

Al segmentar el domini de col·lisions, els *switches* Ethernet permeten augmentar l'escalabilitat de la LAN. De fet, una LAN Ethernet amb *switches* és una barreja entre "medi compartit" i "medi commutat" (vegeu la secció 4.1): Una vegada que els *switches* tenen les taules MAC inicialitzades, encaminen les trames perquè travessin només els enllaços necessaris per arribar a la destinació.

Hi ha però, un factor que introdueix una limitació en l'escalabilitat d'una xarxa Ethernet i que els *switches* no resolen: les trames *broadcast*. En el tema 2 hem vist que hi ha nombrosos protocols que envien trames d'aquest tipus: ARP, DHCP, DNS, RIP, etc. Els *broadcast* tenen com a objectiu arribar a totes les estacions de la xarxa i a nivell Ethernet es transmeten amb adreça destinació FF:FF:FF:FF:FF:FF. Quan un *switch* rep una trama amb aquesta adreça destinació, l'envia pet tots els ports, excepte el port d'on ha arribat, perquè la trama es propagui per tota la xarxa. Per aquest motiu, totes les estacions Ethernet interconnectades amb dispositius de nivell 1-2 (coaxial, *hubs* i *switches*) es diu que formen un "domini *broadcast*" (*broadcast domain*).

A diferència dels *switches*, els routers sí que segmenten el domini *broadcast*. És a dir, si un router rep una trama Ethernet *broadcast*, no la transmetrà pels altres ports. Si no fos així, Internet es col·lapsaria!

4.7.3 Control de flux

Tal com mostra la figura 4.26, un dels elements del *switch* és el "control de flux". A continuació hi ha un exemple que explica la necessitat d'aquest element. Suposem un switch amb ports 10/100. Això vol dir que els ports poden transmetre a 10 ò 100 Mbps, segons el dispositiu que hi hagi connectat. Aquests tipus de ports tenen un mecanisme d'autonegociació que permet detectar la velocitat de transmissió del dispositiu que s'hi connecta. Com que els ports transmeten de forma independent entre ells, en un *switch* és possible que hi hagi ports que transmeten a diferents velocitats. Suposem ara que en un dels ports hi ha una estació amb una tarja a 100 Mbps que transmet cap a una altra estació que té una tarja a 10 Mbps. En aquest cas hi haurà un port configurat a 100 Mbps que transmet cap a un port configurat a 10 Mbps. Evidentment, la cua de transmissió del port a 10 Mbps ràpidament s'omplirà i el *switch* començarà a perdre trames si no pren cap mesura. Quan passa això, s'activa el "control de flux" del *switch*, per aconseguir que la velocitat mitjana del port més ràpid s'ajusti a la del port més lent.

Per fer el control de flux, un switch "frena" els ports que envien trames cap al port congestionat. És a dir, cap al port on la cua de transmissió s'omple excessivament. L'algorisme de control de flux és específic de cada fabricant. Un switch que no tingui un control de flux eficient perdrà trames fàcilment. Per a "frenar" els ports hi ha dos mecanismes: (i) Amb un senyal de *jabber* (només es fa servir en mode *half duplex*); i (ii) amb trames de pausa [15, Annex 31B] (només es fa servir en mode *full duplex*).

El terme *jabber* ja l'hem introduït en la secció 4.6.5, pàgina 85, per referir-nos a la transmissió anormalment gran d'una tarja. En cas del control de flux, el senyal de *jabber* es refereix a un senyal que el switch envia pels ports que vol frenar, simulant la transmissió d'una trama. Les estacions que pengen del ports on el *switch* envia el *jabber* veuen el medi ocupat i deixen de transmetre (seguint el mecanisme CSMA/CD). Amb mode *full duplex* l'algorisme de CSMA/CD es desactiva, per tant, el senyal de *jabber* no serveix per fer el control de flux. En mode *full duplex* el control de flux s'ha de fer amb les "trames de pausa". Les trames de pausa són unes trames especials que el *switch* envia pels ports *full duplex* que vol frenar. La trama de pausa porta un camp amb un enter indicant el nombre de *slot times* que l'estació que rep la trama ha de restar en silenci.

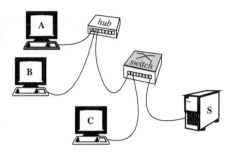

Figura 4.28: Exemple de topologia amb un *hub* i un *switch*.

4.7.4   Repartició del medi de transmissió

Les importants diferències que hi ha entre el funcionament d'un *hub* i un *switch* fan que la repartició del medi de transmissió entre les estacions depengui en gran mesura dels dispositius que es facin servir i de com estan interconnectats. Considerem, per exemple, una xarxa 10BaseT amb la topologia de la figura 4.28: En la xarxa hi ha 3 estacions (A, B, C) idèntiques i un servidor (S) connectats amb un *hub* i un *switch*, tal com mostra la figura. Suposarem que: (i) Les estacions i el servidor són molt més ràpids que la xarxa; (ii) les transferències només es fan entre les estacions i el servidor; (iii) per simplicitat, suposarem que només es transmeten segments d'informació (no considerarem l'efecte de les confirmacions). Considerem els següents escenaris:

Les estacions descarreguen simultàniament un fitxer del servidor. En aquest cas el coll d'ampolla és el port que connecta S amb el *switch*. Les 3 connexions TCP enviaran la finestra de transmissió que quedarà emmagatzemada en la cua de transmissió del *driver* de la tarja d'S. Per tant, la tarja d'S tindrà sempre trames llestes per transmetre. Com que no hi ha pèrdues, les finestres de transmissió seran les advertides per les estacions, que seran iguals perquè suposem que les estacions són idèntiques. Així doncs, en mitjana, S enviarà successivament una finestra de cada estació. Per tant, la velocitat efectiva aconseguida per les tres estacions serà la mateixa: Aproximadament 10 Mbps/3.

Les estacions transmeten simultàniament un fitxer cap el servidor. En aquest cas, el coll d'ampolla també és el port que connecta S amb el *switch*, però ara el comportament és ben diferent: Ara les finestres de transmissió de TCP estaran en les cues de transmissió dels *drivers* de les targes de les estacions (per tant, aquestes targes tindran sempre trames llestes per transmetre). En aquest cas tampoc hi haurà pèrdues i les finestres seran les advertides per S. Com que tots els ports són de 10 Mbps, al switch arribaran 20 Mbps destinats cap al port on hi ha el servidor. El port és de 10 Mbps, per tant, la cua de transmissió d'aquest port s'omplirà ràpidament i el *switch* haurà de fer un control de flux en els ports on pengen les estacions per no perdre trames. El control de flux el farà simultàniament pels dos ports on pengen les estacions: Per exemple, enviant un senyal de *jabber* simultàniament per aquests dos ports cada vegada que la cua de transmissió del port congestionat assoleix un cert nivell. Això vol dir que el nombre de segments que aconseguiran entrar pels ports del *switch* on hi ha les estacions serà, en mitjana, el mateix. És a dir, la capacitat de l'enllaç congestionat (10 Mbps) es repartirà al 50% entre aquests dos ports: Aproximadament 5 Mbps per a cada un. Això vol dir que l'estació C quedarà afavorida: Podrà transmetre aproximadament amb una velocitat efectiva de 5 Mbps; mentre que les estacions A i B es repartiran equitativament els altres 5 Mbps: És a dir, podran transmetre aproximadament amb una velocitat efectiva de 2,5 Mbps. Això vol dir que si el fitxer que transmeten les tres estacions té la mateixa mida, aleshores quan l'estació C hagi transmès el fitxer, les estacions A i B només hauran transmès la meitat del fitxer. A partir d'aquest moment (suposant que l'estació C no torna a transmetre), la velocitat efectiva de A i B augmentarà aproximadament a 5 Mbps.

4.7.5 LANs Virtuals

Tal com s'ha explicat en la secció 4.7.2, un *switch* Ethernet forma un domini *broadcast*. Normalment és convenient per motius d'eficiència i seguretat tenir els servidors i hosts relacionats en dominis *broadcast* diferents, cada un identificat per una subxarxa. La figura 4.29 en mostra un possible exemple. En la pràctica, però, el nombre de hosts i servidors pot ser desconegut quan es dissenya la xarxa. A més, la seva ubicació física pot no estar relacionada amb la subxarxa a què pertanyen. Per exemple, és possible que es desitgi tenir tots els servidors centralitzats en una habitació aïllada, per motius de seguretat i refrigerada. La tecnologia anomenada "LAN virtual" (*Virtual LAN*, VLAN) permet introduir aquesta flexibilitat. La figura 4.30 en mostra un exemple. La distribució lògica de la figura 4.30, correspon a la de la figura 4.29. És a dir, amb VLANs podem aconseguir que la distribució lògica dels dominis de *broadcast* no es correspongui amb la distribució i connexió física dels commutadors.

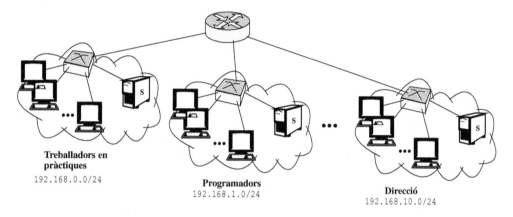

Figura 4.29: Agrupació de servidors i hosts relacionats en dominis *broadcast* (i subxarxes) diferents.

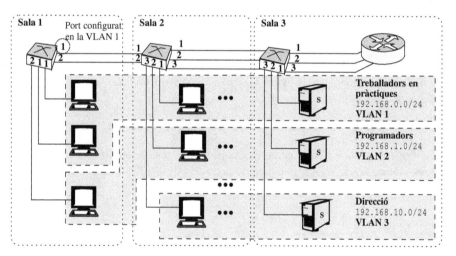

Figura 4.30: Exemple de VLANs: la ubicació física dels commutadors (Sala 1, Sala 2, Sala 3) no es correspon amb la distribució lògica dels dominis *broadcast* (subxarxes `192.168.x.0/24`).

Hi ha diferents tipus de VLANs. El que més es fa servir és l'anomenat "per port" (*port-based*, *port-centric*). Cada port del commutador està associat a una VLAN. Tots els hosts que pengen del port pertanyen a la VLAN que té associada. La VLAN es pot associar al port estàticament o dinàmicament. Per exemple, amb el protocol VMPS (*VLAN Management Policy Server*) de CISCO, quan un port que té una assignació dinàmica rep una trama, mira quina és l'adreça MAC font de la trama. Després envia

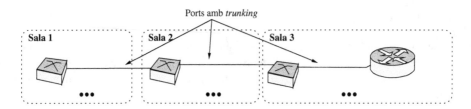

Figura 4.31: Exemple de la figura 4.30 fent servir *trunking*.

un missatge VMPS a un servidor per consultar a quina VLAN està associada la MAC i configura el port segons el missatge rebut del servidor.

En l'exemple de la figura 4.30 les VLANs estan configurades per port. Cada *switch* aïlla els ports que pertanyen a VLANs diferents. Per a cada VLAN el *switch* té una taula MAC diferent. De fet, és com si un mateix *switch* es substituís per tants *switchs* com VLANs si han definit. Si arriba una trama *broadcast* per un port, el *switches* només el reenvia pels altres ports que pertanyen a la mateixa VLAN. Per això, es diu que les VLANs segmenten el domini *broadcast*. D'aquesta manera, per anar d'una VLAN a una altra és necessari passar pel router.

Fer servir la tècnica de VLANs per port explicada anteriorment porta a haver de connectar més d'un port entre dos commutadors o entre un router i un commutador (vegeu la figura 4.30). Per evitar-ho es fa servir un dels següents estàndards:

- *Inter-Switch Link* (ISL), que és un protocol propietari de CISCO.

- L'estàndard IEEE-802.1Q [16].

Els dos estàndards es basen a afegir un *tag* a les trames que s'envien entre els dos commutadors, o entre el commutador i el router perquè un mateix port pugui portar tràfic de més d'una VLAN. El *tag* identifica la VLAN a què pertany la trama. CISCO anomena els ports que fan servir un d'aquests estàndards com ports *trunking*. La figura 4.31 mostra com quedaria l'exemple de la figura 4.30 fent servir *trunking*. Quan la trama s'envia per un port que no té *trunking*, aleshores el *tag* s'elimina.

En l'estàndard IEEE-802.1Q el tag consisteix en la inserció de 4 bytes entre el camp *source address* i *Type/Length* de la trama Ethernet. La figura 4.32 mostra com queda una trama IEEE-802.3 amb el *tag* 802.1Q. El *tag* està format pels camps:

- *Tag Protocol Identifier* (TPID): Porta el valor 0x8100 quan el *tag* s'ha afegit a una trama Ethernet.

- *Tag Control Information* (TCI): camp que porta informació de control, entre la qual cal destacar l'identificador de la VLAN a la que pertany la trama (VLAN ID). Aquest identificador té 12 bits.

```
+-----------+-----------+----------+---------+---------+---------+-----------+----------+
|Preamble   |Destination|Source MAC|  TPID   |  TCI    |Length of| Payload   | CRC      |
|(8 bytes)  |MAC Address|Address   |         |         |the frame|(46 to     |(4 bytes) |
|           |(6 bytes)  |(6 bytes) |(2 bytes)|(2 bytes)|(2 bytes)|1500 bytes)|          |
+-----------+-----------+----------+---------+---------+---------+-----------+----------+
```

Figura 4.32: Format de la trama IEEE-802.3 amb el *tag* 802.1Q.

4.8   LANs sense fils

Les LANs sense fils, *wireless LAN* (WLAN), tenen diverses avantatges molt interessants respecte a les xarxes cablejades:

- Estalviar el cost del cablatge, que molt cops representa una part important del pressupost de la xarxa.

- Flexibilitat en el desplegament de la xarxa: La xarxa es pot instal·lar i desinstal·lar amb molta facilitat. Això és necessari en xarxes que només es necessiten de forma temporal, com ara una xarxa muntada durant una conferència, una situació d'emergència, etc.

- Mobilitat: Les estacions es poden moure lliurement en la xarxa sense la limitació que introdueix la connexió a una roseta en una xarxa cablejada.

Per contra, la transmissió sense fils representa un repte tecnològic molt més difícil de superar que en el de la transmissió per cable:

- Per transmetre els senyals cal fer servir modulacions d'altra freqüència que faci possible la seva propagació per l'espai.

- Quan el senyal es propaga per l'espai s'atenua ràpidament, de forma que la potència útil del senyal rebut és molt feble.

- La presència d'obstacles i el canvi de les condicions del medi on es propaga el senyal (sobretot en cas d'haver-hi mobilitat) fan que la potència del senyal útil rebut variï constantment.

- La feblesa del senyal útil rebut fa que quedi emmascarat amb un gran nombre de factors que introdueixen soroll i interferències.

Per aquests motius, el desenvolupament de les WLANs no ha estat significatiu fins al final de la dècada dels 90. El desenvolupament ha estat, però, tan ràpid que en la actualitat gairebé tots els computadors portàtils que es venen porten una tarja WLAN integrada.

S'han estandarditzat diversos protocols per a WLANs. Els més representatius han estat HiperLan de l'organisme d'estandardització ETSI i 802.11 de l'IEEE. A hores d'ara, però, 802.11 és el protocol que s'ha imposat comercialment. El nom comercial de 802.11 és WiFi (*Wireless fidelity*). A causa de la dificultat que té la transmissió sense fils, 802.11 és un protocol molt més complex que Ethernet. En aquesta secció veurem només una introducció a alguns aspectes bàsics del protocol. Per ampliar el contingut d'aquesta secció es pot consultar, per exemple, el llibre [10] o l'estàndard [13].

802.11 fa servir les anomenades bandes de freqüència *Industrial, Scientific, and Medical* (ISM). Aquestes freqüències es varen reservar internacionalment per a usos no comercials i no estan assignades a un operador de telecomunicacions.

Hi ha diversos estàndards de nivell físic. La diferència més important és la velocitat de transmissió màxima i la banda de freqüències:

- 802.11: fins a 2 Mbps, banda de 2,4 GHz.

- 802.11b: fins a 11 Mbps, banda de 2,4 GHz.

- 802.11a: fins a 54 Mbps, banda de 5 GHz.

- 802.11g: fins a 54 Mbps, banda de 2,4 GHz.

802.11 té dos modes de funcionament:

- Infraestructura: És un mode centralitzat on totes les transmissions han de passar per una estació especial anomenada *Access Point* (AP). L'AP envia trames especials de senyalització *beacons* per notificar la seva presència. Les estacions han de buscar i associar-se amb un AP per poder accedir a la WLAN. Després de la fase d'associació, sol haver-hi una fase d'autentificació.

- Ad–hoc: És un mode distribuït on totes les estacions accedeixen al medi de la mateixa manera (no hi ha APs).

En una WLAN l'estació que transmet no pot detectar una col·lisió mentre transmet una trama, a causa de l'enorme diferència de potència que hi ha entre el senyal transmès i el senyal rebut. Per això, en 802.11 s'han definit dos mecanismes d'accés al medi:

- *Point Coordination Function* (PCF): Es un mode de funcionament opcional. Fa servir un MAC centralitzat. Només es pot fer servir en mode infraestructura. En PCF l'AP fa una enquesta (*polling*) a les estacions per veure si tenen alguna trama per transmetre. Les estacions només poden transmetre quan es fa l'enquesta, d'aquesta manera s'eviten les col·lisions. Quan es fa servir aquest mode, l'AP intercala el mode PCF (anomenat interval sense contenció) amb el mode DCF (anomenat interval amb contenció) que s'explica a continuació.

- *Distributed Coordination Function* (DCF): És un mode de funcionament obligatori (han d'implementar-lo totes les estacions). De fet, la major part de les targes que es comercialitzen en l'actualitat només implementen aquest mode (no implementen el mode opcional PCF). DCF fa servir un MAC distribuït anomenat *Carrier Sense Multiple Access with Collision Avoidance* (CSMA/CA). DCF es pot fer servir tant en mode infraestructura com en mode ad-hoc. El mecanisme CSMA/CA és bastant més complex que el senzill CSMA/CD d'ethernet. A continuació es fa una breu descripció.

4.8.1   Mecanisme CSMA/CA

Per reduir al màxim el nombre de col·lisions, a diferència de CSMA/CD, CSMA/CA fa un accés al medi no persistent (no s'envia la trama immediatament quan s'allibera el medi). A més, la detecció de les col·lisions en CSMA/CA és completament diferent al d'ethernet: Tal com s'ha explicat abans, una diferència fonamental amb ethernet és que l'estació transmissora no pot detectar una col·lisió mentre fa la transmissió d'una trama. Per això, per a la transmissió de trames *unicast* 802.11 implementa una mena de mecanisme ARQ del tipus *Stop and Wait*: el destinatari de la trama envia una confirmació. Aquest mecanisme s'explica tot seguit. En el cas d'enviar-se una trama *broadcast*, com que no hi ha un destinatari únic, aquest mecanisme no es pot fer servir i en cas de col·lisió la trama es perd. Això amb ethernet no passa perquè el transmissor de la trama és el responsable de detectar la col·lisió, independentment de si la trama és broadcast o no. Així doncs, en 802.11 és fàcil que les trames *broadcast* es perdin. El diagrama de temps de la figura 4.33 i les següent regles sumaritzen el mecanisme CSMA/CA de 802.11:

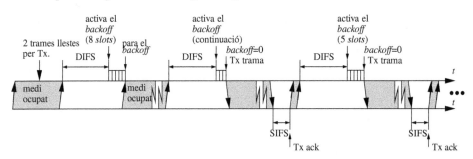

Figura 4.33: Algorisme CSMA/CA.

1. Quan una estació (primari) vol transmetre una trama d'informació, escolta el medi. Si el medi està ocupat passa al punt 2. Si el medi està lliure, espera un *Distributed InteFrame Space* (DIFS) i si mentre s'espera no veu el medi ocupat, transmet la trama després del DIFS. Si mentre espera el DIFS veu el medi ocupat, passa al punt 2.

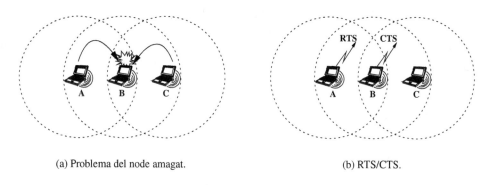

(a) Problema del node amagat.　　　　　　(b) RTS/CTS.

Figura 4.34: Problema del node amagat i solució fent servir RTS/CTS.

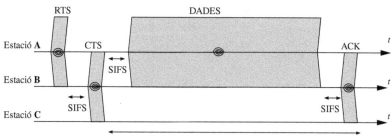

Duració indicada en el CTS: l'estació **C** està en silenci durant aquest temps

Figura 4.35: Diagrama de temps de la senyalització RTS/CTS.

2. El primari inicialitza un *backoff*. Mentre el medi està ocupat, el *backoff* està parat i cada cop que el medi està lliure durant un DIFS, el *backoff* s'activa. Mentre el *backoff* està activat es decrementa després d'intervals fixos de temps anomenats *slots*. En la inicialització del *backoff* la tarja tria un número d'*slots* uniformement distribuït en l'interval $[0..CW]$, on CW s'anomena *Contention Window* i val: $CW = 2^n - 1$. Normalment s'agafa com a primer valor $n = 5$ ($CW = 31$). Quan el *backoff* arriba a 0, el primari transmet la trama immediatament.

3. Després de rebre una trama, el secundari espera un *Short InteFrame Space* (SIFS) i envia una confirmació immediatament. El SIFS és un temps menor que el DIFS. D'aquesta manera la transmissió d'una confirmació té prioritat sobre la transmissió d'una trama.

4. Si després d'enviar una trama el primari no rep la confirmació abans d'un DIFS, interpreta que hi ha hagut una col·lisió. En aquest cas incrementa el valor de n de la CW i torna al punt 2. És a dir, en cas d'haver de retransmetre successivament la trama, CW valdrà 31, 63, 127, .. Aquest increment exponencial de CW evita que la xarxa pugui tornar-se inestable (vegeu la secció 4.5.1). Si després de rebre la confirmació el primari té més trames per transmetre, torna al punt 2.

Addicionalment, per resoldre el problema del "node amagat", en la transmissió de trames *unicast* 802.11 permet fer servir el mecanisme *Request To Send/Clear To Send* (RTS/CTS). El problema del node amagat (*hidden node*) es dóna en una situació com la que mostra la figura 4.34(a). En aquest cas l'estació C està "amagada" de l'estació A (no estan en cobertura). Si l'estació A vol transmetre a l'estació B, l'estació C no ho detectarà, de manera que si l'estació C comença a transmetre mentre ho fa l'estació A, les dues transmissions provocaran una col·lisió en l'estació B (que no podrà rebre la trama que li enviava A). Les figures 4.34(b) i 4.35 mostren la senyalització RTS/CTS. Quan l'estació B envia la trama CTS, l'estació C la rebrà, de manera que, tot i no rebre el senyal d'A, romandrà en silenci mentre transmet A. Aquest mecanisme s'anomena *virtual sensing*, fent referència a que l'estació C és capaç d'estar al corrent de la transmissió d'A, tot i no poder-la escoltar. A tots els efectes, l'estació C actua com si escoltés el medi ocupat durant el temps indicat en la trama CTS. Com que el mecanisme RTS/CTS només és eficient si es transmeten trames de mida gran, les targes disposen d'un llindar a partir del qual es fa servir aquest mecanisme. Per a la transmissió de trames més petites que aquest llindar, RTS/CTS no es fa servir. Típicament el llindar val 500 bytes.

4.8.2 Trames 802.11

A diferència d'ethernet, en 802.11 hi ha definides diferents tipus de trames. La figura 4.36 mostra el format genèric. Segons el tipus de trama, hi ha camps que poden o no ésser-hi.

```
+-+-+-+-+-+-+-+-+-+-+-+-+-+-+-+-+-+-+-+-+-+-+-+-+-+-+-+-+-+-+-+-+-+-+-+-+-+-+
|Control|Duració|Adreça-1|Adreça-2|Adreça-3|Seq-Ctrl|Adreça-4|  Payload   | CRC    |
|2 bytes|2 bytes|6 bytes |6 bytes |6 bytes |2 bytes |6 bytes |0~2312 bytes|4 bytes|
+-+-+-+-+-+-+-+-+-+-+-+-+-+-+-+-+-+-+-+-+-+-+-+-+-+-+-+-+-+-+-+-+-+-+-+-+-+-+
```

Figura 4.36: Format genèric d'una trama 802.11.

El significat dels camps és el següent:

- Control: Indica el tipus de trama.

- Duració: Indica la duració (tal com s'ha explicat en la secció 4.8.1).

- Adreça–1~4: Hi ha 4 camps d'adreça que s'expliquen en la pròxima secció. Les adreces tenen 6 bytes (48 bits) i el mateix format que les adreces ethernet. Igual que amb ethernet, l'adreça FF:FF:FF:FF:FF:FF és l'adreça *broadcast*.

- Seq-Crtl (*Sequence Control*): Es fa servir en la fragmentació. En 802.11 hi ha definit un mecanisme de fragmentació per l'elevada tassa d'error que hi pot haver en el medi de transmissió. La tarja manté un llindar que s'ajusta segons la tassa d'error. Si la trama a transmetre és major que aquest llindar, la trama es fragmenta. Així, en cas d'error, només s'han de retransmetre els fragments erronis i no tota la trama.

- *Payload*: És el camp de dades. Pot portar fins a 2312 bytes (MTU màxim). A diferència d'ethernet, però, no solen fer-se servir trames de mida màxima. Això és perquè com més gran és la trama, més fàcil és que arribi amb errors i més ineficient serà el protocol si la trama s'ha de retransmetre. Els *drivers* que hi ha en la pràctica solen fixar una MTU per defecte de 1500 bytes, per compatibilitat amb ethernet.

- CRC: Control d'errors (igual que en ethernet).

4.8.3 Adreçament

Una característica important d'una WLAN és que fa servir la banda de freqüències no regulada ISM. Això fa que hi pugui haver diverses WLANs independents que estiguin dintre del mateix radi de cobertura. Per exemple, actualment els operadors de telecomunicacions ofereixen línies ADSL amb un modem-router sense fils 802.11. Dos veïns d'un mateix edifici que disposin d'aquests equips podrien ser un exemple de WLANs 802.11 superposades. En aquest cas, no és desitjable que els equips d'una WLAN rebin les trames enviades en altres WLANs, és a dir, cal un mecanisme de filtratge.

Amb l'objectiu de poder identificar estacions que formen part de xarxes diferents, 802.11 defineix l'anomenat *Basic Service Set* (BSS), identificat per un número de 48 bits anomenat *BSS Identifier* (BSSID). Les trames que porten un BSSID diferent al que pertany la tarja es descarten. Quan una estació encara no ha accedit a la seva xarxa i desconeix el BSSID, pot accedir fent servir el *broadcast BSSID*, que

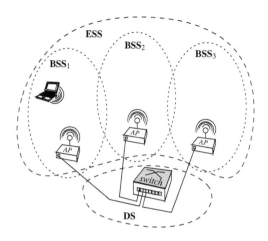

Figura 4.37: Exemple d'un ESS.

Escenari	Ús	to DS	from DS	Adreça 1	Adreça 2	Adreça 3	Adreça 4
STA →STA	Ad-hoc	0	0	DA	SA	BSSID	–
STA →AP	Infraestructura	1	0	BSSID	SA	DA	–
AP →STA	Infraestructura	0	1	DA	BSSID	SA	–
AP →AP	WDS	1	1	RA	TA	DA	SA

Llegenda: *Station* (STA), *Access Point* (AP), *Destination Address* (DA), *Source Address* (SA), *Receiver Address* (RA), *Transmitter Address* (TA).

Taula 4.5: Contingut dels camps d'adreça de la capçalera 802.11.

coincideix amb l'adreça 802.11 *broadcast*: FF:FF:FF:FF:FF:FF. A més, per facil·litar la identificació d'una xarxa per els usuaris, l'estàndard també defineix el *Service set identifier*, SSID (conegut també com a "nom de la xarxa"). L'SSID és una cadena alfanumérica de fins a 32 caràcters que sól identificar l'operador de la xarxa.

Si una xarxa 802.11 està formada per un únic BSS, aleshores es diu que és un *Independent BSS* (IBSS). Un BSS pot ser en mode infraestructura (en aquest cas hi ha un AP), o mode *ad-hoc*. En mode infraestructura, cada AP forma un BSS diferent i el BSSID és l'adreça 802.11 de l'AP. Si una xarxa està formada per més d'un BSS, es parla d'un *Extended Service Set* (ESS) i la part de la xarxa que permet la interconnexió dels diferents BSS s'anomena *Distribution System* (DS).

Els APs comercials solen tenir un port ethernet. Per aquest motiu es diu que actuen com *bridges* 802.11–ethernet. Un exemple d'un ESS podria ser una xarxa formada per diversos APs interconnectats per una xarxa ethernet (vegeu la figura 4.37). Cada AP formaria un BSS diferent i el DS estaria format per la xarxa ethernet. A continuació s'analitzen alguns detalls que fan possible la interoperabilitat entre 802.11 i ethernet.

802.11 ha estat dissenyat perquè es pugui integrar fàcilment amb una xarxa ethernet. De fet, IEEE assigna blocs d'adreces als fabricants de targes 802.11 que no se solapen amb les adreces assignades als fabricants de targes ethernet. D'aquesta manera, en una xarxa amb targes 802.11 i ethernet, la unicitat de les adreces està garantida. Això permet que una tarja 802.11 pugui comunicar-se amb una tarja ethernet de forma transparent per a la tarja ethernet. Per aconseguir-ho la capçalera 802.11 té 4 camps d'adreça. El significat d'aquests camp depèn de l'escenari on es transmet la trama. La taula 4.5 mostra els possibles significats. Els bits *to DS* i *from DS* formen part del camp de control que hi ha en la capçalera 802.11. La segona columna de la taula 4.5 (Ús) indica el mode de funcionament en que es fa servir cada tipus d'adreçament (els modes s'expliquen en l'apartat 4.8): En mode Ad–hoc només es fa servir l'adreçament STA →STA; en mode infraestructura es fan servir els adreçaments STA →AP i AP →STA; finalment,

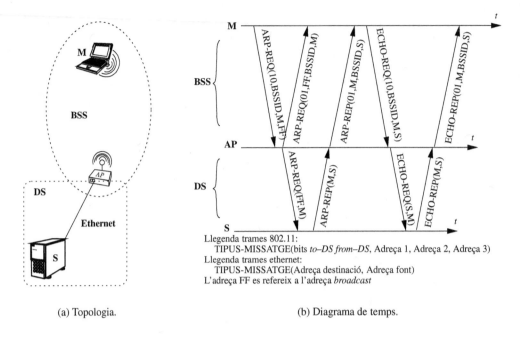

(a) Topologia.   (b) Diagrama de temps.

Figura 4.38: Exemple d'adreçament 802.11 en mode infraestructura.

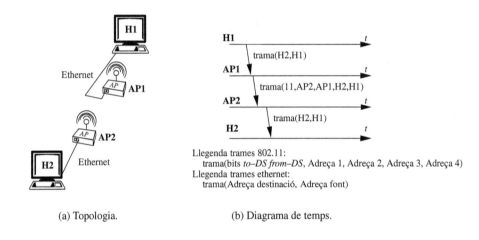

(a) Topologia.   (b) Diagrama de temps.

Figura 4.39: Exemple d'adreçament WDS.

l'adreçament AP →AP només es fa servir quan el DS és també sense fils. Aquest escenari s'anomena *Wireless Distribution System* (WDS). Aquesta taula i els possibles escenaris s'expliquen a continuació.

El camp Adreça–1 porta sempre l'adreça del receptor de la trama. Tal com es veurà més endavant, el receptor, no és sempre la destinació de la trama. Per això, en la taula es distingeix entre *Receiver Address* (RA) i *Destination Address* (DA). Anàlogament, el camp Adreça–2 porta sempre l'adreça del transmissor de la trama, que no sempre és l'adreça font. D'aquí la distinció entre *Transmitter Address* (TA) i *Source Address* (SA).

Per explicar l'ús de les adreces en mode infraestructura farem servir l'exemple de la figura 4.38. La topologia (figura 4.38(a)) està formada per una estació 802.11 (**M**), un **AP** i un servidor (**S**). Suposem que les caches ARP estan buides i que es fa un ping de **M** a **S**. El diagrama de la figura 4.38(b) mostra els missatges que es generen i les adreces que portaran les trames 802.11. El diagrama de temps s'explica ell mateix.

L'adreçament anomenat *Wireless Distribution System* (WDS) es fa servir en un escenari com el que mostra la figura 4.39. Aquest escenari s'anomena també *wireless bridge* i els APs fan d'enllaç entre dos segments ethernet.

Apèndixs

4.A   Deducció de la fórmula de l'eficiència del protocol Aloha

Per deduir l'equació 4.4 hem fet la hipòtesi que la càrrega oferta segueix una distribució de Poisson. Això vol dir que:

$$Prob\{\text{arriben } n \text{ trames en un temps } t\} = \frac{(Gt/t_t)^n}{n!} e^{-Gt/t_t} \tag{4.7}$$

Per una altra banda, l'eficiència val:

$$E = \frac{N(T)t_t}{T} = \frac{(N(T)+C(T))t_t}{T}\frac{N(T)}{N(T)+C(T)} = G\,Prob\{\text{no col·lisió}\} \tag{4.8}$$

Una trama t_i col·lisiona si (i) durant la transmissió de la trama t_i una altra estació transmet, o si (ii) abans de començar a transmetre la trama t_i, una altra estació transmet i la transmissió no acaba abans de començar la transmissió de t_i. Amb altres paraules, quan es transmet una trama, no hi pot haver altres transmissions durant un temps igual a $2t_t$. Per tant, la $Prob\{\text{no col·lisió}\}$ és la probabilitat que durant un temps igual a $2t_t$ no hi hagi transmissions. Substituint en 4.7 per $n = 0$ i $t = 2t_t$ tenim:

$$Prob\{\text{no col·lisió}\} = e^{-2G} \tag{4.9}$$

Substituint ara en 4.8 tenim:

$$E = Ge^{-2G} \tag{4.10}$$

■

Per a una deducció més rigorosa de l'equació (4.10) i per aprofundir amb l'avaluació de xarxes de computadors es pot consultar el llibre de Bertsekas i Gallager [8].

4.B   Cable creuat *crossover* UTP

Per fer un cable creuat (*crossover*) amb 10BaseT i 100BaseTX (connexió DCE-DCE o DTE-DTE) típicament es fa servir EIA/TIA-568A en un extrem i EIA/TIA-568B en l'altra. Aquest connexionat creua els dos parells que 10BaseT i 100BaseTX fan servir per a la recepció (pins 1, 2) i transmissió (pins 3, 6) (vegeu la taula 4.4).

RJ45 – extrem 1				RJ45 – extrem 2			
Pin	Parell	Fil	Color	Pin	Parell	Fil	Color
1	2	1	white/orange	1	3	1	white/green
2		2	orange	2		2	green
3	3	1	white/green	3	2	1	white/orange
4	1	2	blue	4	4	1	white/brown
5		1	white/blue	5		2	brown
6	3	2	green	6	2	2	orange
7	4	1	white/brown	7	1	2	blue
8		2	brown	8		1	white/blue

Taula 4.6: Cable creuat *crossover* UTP.

Amb aquest connexionat, però, els pins 4, 5 i 7, 8 queden sense creuar. Els estàndards 100BaseT4 i 1000BaseT fan servir els 4 parells per això, un cable creuat d'aquesta manera no serveix: Cal creuar els 4 parells. Així doncs, per fer un cable creuat per 100BaseT4 o 1000BaseT cal creuar els pins 1, 2 i 3, 6 com abans i, a més, cal creuar el parell 1 amb el 4. És a dir, connectar els pins 4, 5 respectivament amb els pins 7, 8. Per exemple, si en un extrem fem servir EIA/TIA-568B, el creuament de la taula 4.6 serviria per a tots els estàndards amb cable UTP.

Tema 5

Transmissió de dades

L'objectiu d'aquest tema és l'estudi d'alguns conceptes bàsics relacionats amb la transmissió de dades digitals fent servir senyals elèctrics. Dintre del model de referència OSI, aquesta funció està lligada al nivell físic: És a dir, el nivell més baix sobre el qual s'assenten tots els altres.

L'ús de senyals elèctrics per transmetre informació s'inicia amb el telègraf els anys 1830. L'evolució dels sistemes de telecomunicació des de les hores ha estat incessant. Els sistemes de telecomunicació actuals són enormement complexos i caldria tota una carrera, la d'Enginyer de Telecomunicació, per abordar el seu estudi. En aquest tema veurem només algunes qüestions elementals. El lector interessat que desitgi una introducció als conceptes bàsics relacionats amb els senyals i les telecomunicacions, explicat a més amb notes històriques, pot consultar el llibre de Pierce i Noll [5].

5.1 Introducció

En aquest tema farem servir el model que mostra la figura 5.1:

- Un transmissor genera un senyal elèctric $s(t)$, que porta la informació que es vol transmetre. El senyal $s(t)$ que mostra la figura 5.1 es coneix com a *Non Return to Zero*, NRZ. Aquest senyal es caracteritza perquè els bits '1' i '0' es transmeten respectivament amb un senyal de polaritat positiva (+V) i negativa (-V).

- El senyal s'envia per un "canal de transmissió". Aquest canal està format per un "medi de transmissió": Conductors de coure, espai lliure, fibra òptica, etc, i possiblement alguns equipaments electrònics que adapten la transmissió del senyal al medi de transmissió: amplificadors, equalitzadors, etc.

- En recepció es rep un senyal $r(t)$, del qual ha d'esbrinar-se la informació transmesa.

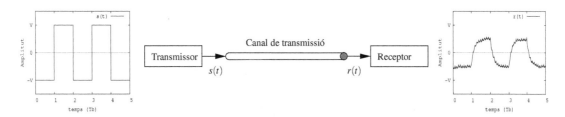

Figura 5.1: Model del sistema de transmissió.

El senyal transmès, $s(t)$, sofreix una sèrie de pertorbacions quan viatja pel canal de transmissió, de manera que el senyal rebut, $r(t)$, el podem representar com:

$$r(t) = f[s(t)] + n(t) \tag{5.1}$$

On:

- $f[s(t)]$ representa el senyal útil rebut amb les modificacions introduïdes pel canal de transmissió: $f[\cdot]$.

- $n(t)$ és un soroll: És a dir, un senyal que se superposa amb el senyal útil i que en general no té res a veure amb ell.

Amb un canal de transmissió ideal, el senyal rebut seria igual al senyal transmès: $r(t) = s(t)$. Amb aquestes condicions, el receptor podria llegir la informació transmesa del senyal rebut amb una probabilitat d'error igual a zero. En la pràctica, però, les modificacions introduïdes pel canal ($f[\cdot]$) i el soroll ($n(t)$) fan que el senyal rebut sigui diferent del senyal transmès. Per tant, hi ha una certa probabilitat d'error.

Les modificacions $f[\cdot]$ que introdueix el canal de transmissió en el senyal transmès $s(t)$ són principalment dues:

- Atenuació: Qualsevol medi de transmissió introdueix un afebliment en el nivell del senyal.

- Distorsió: Consisteix en el canvi introduït en la forma del senyal, de manera que el senyal rebut $r(t)$ no compleix $r(t) = \alpha s(t)$, on α és una constant.

5.2 Atenuació

L'atenuació mesura la disminució del nivell de senyal al propagar-se pel medi de transmissió.

Recordant alguns conceptes d'electricitat de física: Un senyal elèctric consisteix en un flux de càrrega elèctrica. La càrrega es mesura en *Coulombs* i la tensió o diferència de potencial V subministrada pel generador que provoca el flux es mesura en *Volts*. El flux de càrrega I en Coulombs per segon s'anomena intensitat o corrent elèctric i es mesura en *Ampers*. La potència P del senyal en *Watts* és el producte de la tensió pel corrent: $P = VI$. Com que la tensió i el corrent elèctrics són proporcionals (llei d'Ohm), la potència és també proporcional al quadrat de la tensió o la intensitat: $P \propto V^2 \propto I^2$.

En el nostre cas, el senyal elèctric varia en el temps. Quan parlem del nivell de senyal $s(t)$ ens referirem al valor de la tensió del senyal en Volts (vegeu la figura 5.2.A). Igualment, el corrent, $i(t)$ i la potència $p(t) = s(t) i(t)$ també varien en el temps.

La mitjana del nivell de senyal en un temps d'observació T serà: $V = 1/T \int_T s(t) \, dt$. La mitjana pot ser zero si l'àrea sota els valors positius i negatius de $s(t)$ és el mateix (com en la figura 5.2.A). La potència és un valor sempre positiu per valors de $s(t)$ diferents de zero (vegeu la figura 5.2.B). Per tant, la potència mitjana $P = 1/T \int_T p(t) \, dt$ sempre serà major que zero.

Així doncs, per mesurar la "quantitat de senyal" és convenient fer servir la potència mitjana del senyal. L'atenuació A introduïda per un medi de transmissió es defineix com el quocient entre la potència mitjana transmesa (P_{Tx}) i rebuda (P_{Rx}) en un medi de transmissió (vegeu la figura 5.3):

$$A = \frac{P_{Tx}}{P_{Rx}} \tag{5.2}$$

Normalment la relació entre potències es dóna en deciBels (dB). El deciBel és una mesura logarítmica que deu el seu nom a Alexander Graham Bell, inventor del telèfon. El deciBel es defineix com:

$$10 \log_{10}\{\text{Relació entre potències}\} \tag{5.3}$$

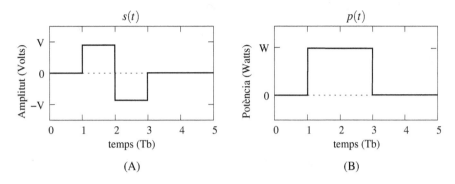

Figura 5.2: Nivell en Volts del senyal $s(t)$ i potència instantània $p(t)$ en Watts.

Figura 5.3: Potència mitjana transmesa P_{Tx} i rebuda P_{Rx} en un canal de transmissió.

Per exemple, per expressar l'atenuació A en dBs:

$$A(\text{dB}) = 10 \log_{10} \frac{P_{Tx}}{P_{Rx}} \tag{5.4}$$

Quan es treballa amb dBs és convenient recordar les següents propietats dels logaritmes:

$$\log(a \times b) = \log(a) + \log(b)$$
$$\log(a/b) = \log(a) - \log(b)$$
$$\log_a(x) = \log_b(x)/\log_b(a)$$

La següent taula dóna un exemple numèric d'algunes relacions de potències expressades en dBs:

P_{Tx}	P_{Rx}	$10 \log_{10}\{P_{Tx}/P_{Rx}\}$
1	1	0
2	1	3
10	1	10
100	1	20
1000	1	30
10^n	1	$n \times 10$

Taula 5.1: Exemple de relacions de potències expressades en dBs.

El motiu de mesurar la relació entre potències en dBs és que sovint la mesura que es vol fer té una variació geomètrica (x^α) i no lineal (αx). Si fem la mesura en dBs: $10 \log_{10}(x^\alpha) = \alpha \times 10 \log_{10}(x)$. Antigament, que no hi havia calculadores, es feien servir taules de logaritmes i calcular $\alpha \times 10 \log_{10}(x)$ era més convenient que calcular x^α. Per exemple, en el cas de l'atenuació, cada segment de cable d'igual distància té la mateixa atenuació (vegeu la figura 5.4). Per tant:

$$\alpha = \frac{P_1}{P_2} = \frac{P_2}{P_3}$$
$$\frac{P_1}{P_3} = \frac{P_1}{P_2}\frac{P_2}{P_3} = \alpha^2$$

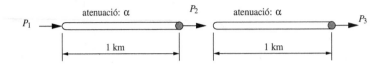

Figura 5.4: L'atenuació total dels dos segments de cable és $P_1/P_3 = \alpha^2$.

Per tant, per a una distància de n km, l'atenuació valdrà: $A = \alpha^n$, on α és l'atenuació d'un kilòmetre de cable. En dBs:

$$A(\text{dBs}) = 10 \log_{10}(\alpha^n) = n \times 10 \log_{10}(\alpha) = n \times \alpha(\text{dBs/km}) \qquad (5.5)$$

Normalment, el fabricant dóna l'atenuació del cable en dBs/km (el paràmetre α(dBs/km)). Per calcular l'atenuació d'un segment de n km, simplement hem de calcular $n \times \alpha$(dBs/km). Per exemple, la taula 5.2 mostra l'atenuació en dBs/km d'un cable coaxial comercial. Com es pot veure en la taula, l'atenuació canvia molt segons la freqüència del senyal transmès. El significat de la representació freqüencial d'un senyal s'explica en la secció 5.3. Amb fibra òptica es poden aconseguir atenuacions molt menors (de l'ordre de 0,2 dBs/km).

Freqüència (MHz)	Atenuació (dB/km)
1	7,9
10	27
30	48
100	94
200	135
2000	550

Taula 5.2: Atenuació d'un cable coaxial RG-62.

5.2.1 Amplificadors i repetidors

Si l'atenuació introduïda per un medi de transmissió és excessiva, la potència del senyal rebut pot ser insuficient com per poder recuperar la informació. Per resoldre aquest problema es fan servir amplificadors o repetidors. Els dos dispositius són circuits electrònics capaços de transferir part de la potència d'una font d'alimentació al senyal transmès, de manera que la potència del senyal a la sortida de l'amplificador o repetidor és major que la potència del senyal a l'entrada (vegeu la figura 5.5). El guany G de l'amplificador o repetidor es defineix com la relació entre la potència del senyal a la sortida i a l'entrada i també sol donar-se en dBs:

$$G(\text{dB}) = 10 \log_{10} \frac{P_{out}}{P_{in}} \qquad (5.6)$$

Si ho comparem amb l'atenuació (equació (5.4)), la relació és la inversa: En el guany dividim la potència del senyal a la sortida per la potència del senyal a l'entrada de l'amplificador, mentre en l'atenuació dividim la potència del senyal a l'entrada del medi de transmissió per la potència del senyal a la sortida.

La diferència entre un amplificador i un repetidor és que el primer simplement multiplica el senyal a l'entrada per un cert factor. Això fa que s'amplifiqui tant el senyal útil com el soroll. El repetidor, en canvi, aprofita un senyal digital per recuperar els bits del senyal i generar un nou senyal digital, de manera que el soroll s'elimina.

És possible que en un medi de transmissió s'hagin de posar diverses etapes amplificadores/repetidors, per evitar que en cap moment la potència del senyal útil sigui inferior a un cert llindar (vegeu la figura 5.6). Tenint en compte les propietats dels logaritmes és fàcil deduir que pel sistema de la figura 5.6 el guany total (G_{tot}) i la potència del senyal a la sortida (P_{out}) valen:

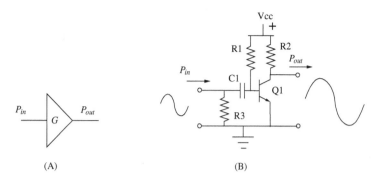

Figura 5.5: Amplificador: (A) símbol, (B) circuit senzill amb un transistor.

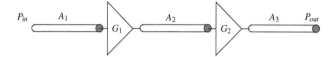

Figura 5.6: Compensació de l'atenuació amb amplificadors/repetidors.

$$G_{tot}(dB) = 10 \log_{10} \frac{P_{out}}{P_{in}} = G_1(dB) + G_2(dB) - A_1(dB) - A_2(dB) - A_3(dB)$$
$$P_{out} = 10^{G_{tot}(dB)/10} P_{in}$$

5.3   Anàlisi espectral d'un senyal

A principis del segle XIX el físic i matemàtic Baptiste Joseph Fourier va descobrir que qualsevol senyal es pot descomposar amb una sèrie o integral de funcions sinusoïdals. Aquesta descomposició s'anomena representació freqüencial o espectral del senyal. Aquest descobriment ha tingut una rellevància cabdal en moltes àrees de la ciència i és una eina indispensable en les telecomunicacions. Per exemple, permet abordar l'estudi de la distorsió d'un canal de transmissió en un senyal.

L'objectiu d'aquesta secció és presentar les idees fonamentals relacionades amb l'anàlisi espectral i la seva utilitat, sense entrar en els detalls matemàtics. Per al lector interessat, en l'apèndix 5.A hi ha un breu resum de les fórmules matemàtiques.

5.3.1   Descomposició espectral

Una funció periòdica $f(t)$ de període T admet la descomposició sinusoïdal o espectral:

$$f(t) = a_0 + \sum_{n=1}^{\infty} v_n \, \sin(2\pi n f_0 t + \phi_n) \tag{5.7}$$

On $f_0 = 1/T$ s'anomena la freqüència fonamental del senyal i cada una de les sinusoides s'anomenen harmònics del senyal: D'amplada v_n, freqüència $n f_0$ i fase ϕ_n. El primer harmònic té la mateixa freqüència que el senyal periòdic i s'anomena l'harmònic fonamental. Per exemple, per a un senyal periòdic rectangular com el de la figura 5.7(a) es pot obtenir (vegeu l'apèndix 5.A.1):

$$\begin{aligned}
f(t) &= \sum_{n=0}^{\infty} \frac{4}{(2n+1)\pi} \, \sin((2n+1)\, 2\pi f_0 t) \\
&= \frac{4}{\pi} \left\{ \sin(2\pi f_0 t) + \frac{1}{3} \sin(3 \times 2\pi f_0 t) + \frac{1}{5} \sin(5 \times 2\pi f_0 t) + \cdots \right\}
\end{aligned} \tag{5.8}$$

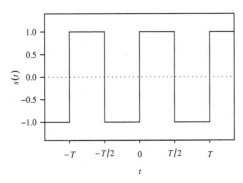

(a) Senyal periòdic rectangular de període T.

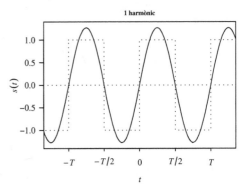

(b) Harmònic fonamental del senyal rectangular.

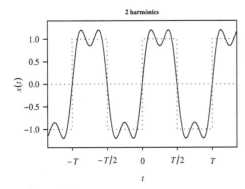

(c) Suma dels 2 primers harmònics del senyal rectangular.

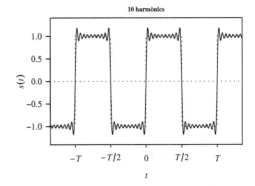

(d) Suma dels 10 primers harmònics del senyal rectangular.

Figura 5.7: Descomposició sinusoïdal d'un senyal rectangular.

La figura 5.7(b) mostra l'harmònic fonamental del senyal. Les figures 5.7(c) i 5.7(d) mostren respectivament la suma dels 2 i els 10 primers harmònics del senyal (2 i 10 primers termes de la sèrie (5.8)). Aquestes figures permeten observar com la suma de tots els harmònics de la sèrie 5.8 convergeixen cap al senyal periòdic rectangular. Així doncs, la representació espectral del senyal és una representació alternativa a la seva representació temporal. L'avantatge de la representació espectral és que ens permet investigar la resposta que té un senyal sinusoïdal quan es transmet a través d'un canal de transmissió i, a partir d'aquí, predir la resposta que tindrà un senyal amb una evolució arbitrària en el temps.

Si el senyal no és periòdic, en comptes d'una sèrie es té una integral i en comptes dels coeficients v_n i ϕ_n es té una funció complexa[1] $F(f)$, amb mòdul i fase iguals a l'amplada i fase que correspon a cada harmònic de freqüència f. La funció $F(f)$ s'anomena la *transformada de Fourier* del senyal (vegeu l'apèndix 5.A.2 per a més detalls). En cas d'un senyal aleatori, es calcula la *densitat espectral de potència*, que té en compte l'estadística del senyal. Per exemple, la figura 5.8 mostra un senyal NRZ i la seva densitat espectral de potència. El nom de *densitat espectral de potència* és perquè $|F(f)|^2$ es pot interpretar com la potència mitjana transportada per l'harmònic de freqüència f i $\int_{f_1}^{f_2}|F(f)|^2\,df$ es pot interpretar com la contribució del conjunt d'harmònics en la banda (f_1, f_2) a l'energia del senyal.

La mida de la banda de freqüències on es concentra la major part de l'energia del senyal es coneix com *l'amplada de banda del senyal* i s'indica Bw, de l'anglès *Bandwidth*. Segons on es troba situada aquesta banda es parla de *senyals en banda base*: Quan està situada entorn de l'origen de freqüències, o *senyals*

---

[1]Un número complex $z = x + jy$ es pot expressar en la forma $z = |z|\,e^{j\phi}$, on $|z| = \sqrt{x^2 + y^2}$ i $\phi = tan^{-1}(y/x)$.

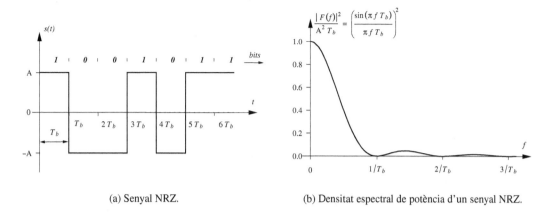

(a) Senyal NRZ.   (b) Densitat espectral de potència d'un senyal NRZ.

Figura 5.8: Senyal NRZ i densitat espectral de potència.

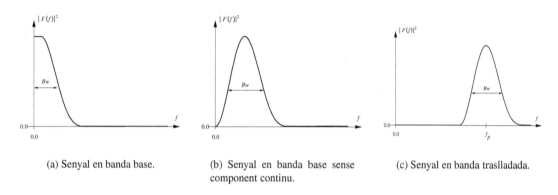

(a) Senyal en banda base.   (b) Senyal en banda base sense   (c) Senyal en banda traslladada.
                              component continu.

Figura 5.9: Tipus de senyals segons la situació del seu espectre en l'eix de freqüències.

en banda traslladada: Quan es troba situat enfora de l'origen de freqüències (vegeu la figura 5.9).

Una característica important d'un senyal és si té component continu: és a dir, si té una mitjana nul·la. En el cas de ser aleatori, té component continu si existeixen possibles senyals de mitjana no nul·la. Un senyal NRZ, per exemple, té component continu perquè si es transmeten seqüències de molts bits a '1' o '0', el senyal tindrà un valor constant positiu o negatiu, per tant, de mitjana no nul·la. Aquest fet queda reflectit en l'espectre del senyal perquè si té component continu, $F(0) \neq 0$ (vegeu la figura 5.9(a)). En canvi, per un senyal que no tingui component continu es complirà: $F(0) = 0$ (vegeu la figura 5.9(b)).

5.3.2 Dualitat temps-freqüència

De la definició de la descomposició espectral (representació amb una suma sinusoïdal), podem deduir que si un senyal té una variació lenta en el temps, es descompondrà en una suma d'harmònics de baixa freqüència. Per contra, si té variacions ràpides en el temps, la seva descomposició espectral haurà de tenir harmònics d'alta freqüència. Això ho podem interpretar com una *dualitat temps-freqüència* (vegeu la figura 5.10): Si "encongim" l'eix temporal d'un senyal (augmentant per tant el nombre de variacions per unitat de temps), el resultat serà que la descomposició espectral del nou senyal s'haurà "eixamplat" respecte del que tenia abans. Matemàticament, aquesta *dualitat* queda reflectida amb la següent propietat de la transformada de Fourier: Si la transformada de Fourier d'un senyal $s(t)$ és $S(f)$, aleshores la transformada de Fourier del senyal $s(\alpha t)$ és $\frac{1}{\alpha} S(f/\alpha)$.

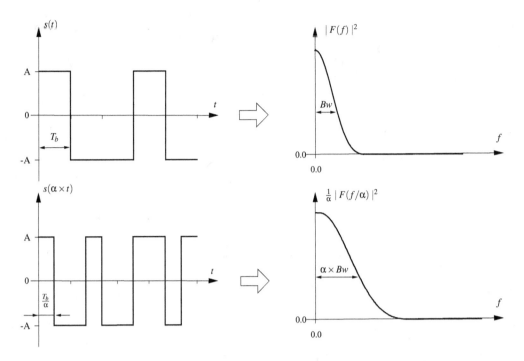

Figura 5.10: Dualitat temps-freqüència: a l'encongir l'eix temporal un factor α, l'eix freqüencial s'eixampla un factor α.

Aquesta propietat té una conseqüència molt important: Per augmentar la velocitat de transmissió, o bits per segon que s'envien en un senyal, la manera més fàcil d'aconseguir-ho és reduint el "temps de bit" (T_b en la figura 5.10). Per exemple, si en un senyal $s(t)$ cada T_b enviem 1 bit, la velocitat de transmissió serà de $v_t = 1/T_b$. Si reduïm el temps de bit en un factor α: $T_b' = T_b/\alpha$, aleshores la velocitat de transmissió del senyal resultant $s(t)'$ haurà augmentat en el mateix factor: $v_t' = 1/T_b' = \alpha/T_b = \alpha \times v_t$. La descomposició espectral del senyal $s(t)'$ tindrà la mateixa forma que la del senyal $s(t)$, però amb un eix de freqüències "eixamplat" en un factor α. Per tant, l'amplada de banda del senyal $s(t)'$ serà α vegades major que la del senyal $s(t)$: $Bw' = \alpha \times Bw$.

Aquesta relació de proporcionalitat que hi ha entre les variacions del senyal (associades a la velocitat de transmissió) i l'amplada de banda del senyal fan que algunes vegades es facin servir indistintament els dos conceptes. Per exemple, es diu que s'augmenta l'amplada de banda d'un sistema per referir-se a que s'augmenta la capacitat de transmissió d'informació en bits per segon del sistema.

5.3.3   Funció de transferència d'un canal de transmissió

Per analitzar l'efecte del canal de transmissió sobre el senyal transmès cal caracteritzar el canal. Com que la representació que fem del senyal és la seva descomposició espectral, la caracterització del canal és lògic que sigui la resposta d'aquest a un senyal sinusoïdal. La funció que dóna aquesta resposta variant la freqüència del senyal s'anomena la funció de transferència del canal: $H(f)$. La figura 5.11 mostra com es podria mesurar experimentalment $H(f)$.

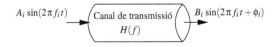

Figura 5.11: Funció de transferència.

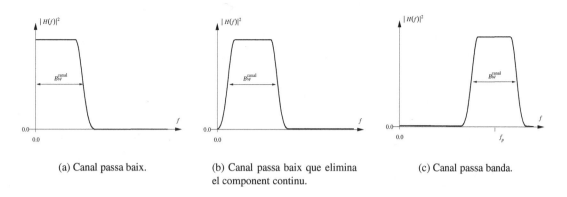

(a) Canal passa baix.

(b) Canal passa baix que elimina el component continu.

(c) Canal passa banda.

Figura 5.12: Tipus de canals de transmissió segons la banda de freqüències que deixen passar.

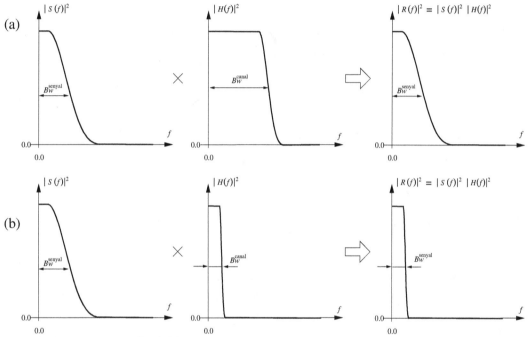

Figura 5.13: En el cas (a) $|H(f)|$ té una resposta plana en l'amplada de banda del senyal i no hi ha distorsió: $R(f) = S(f)$. En el cas (b) el canal té una amplada de banda menor que la del senyal i es produeix distorsió: $R(f) \neq S(f)$.

Suposem un canal lineal: Això vol dir que només fa operacions de multiplicar per un factor, derivar i integrar el senyal transmès. Aquest tipus de canal es podria modelitzar amb resistències, bobines i condensadors. En aquest tipus de canal, per a qualsevol senyal sinusoïdal transmès (per exemple, $A_i \sin(2\pi f_i t)$), a la sortida del canal hi haurà un altre senyal sinusoïdal de la mateixa freqüència f_i, amb una certa amplada (B_i) i fase (ϕ_i) que dependrà de la freqüència del senyal: $B_i \sin(2\pi f_i t + \phi_i)$. Si es fa aquesta mesura per a totes les possibles freqüències, la funció complexa que per cada freqüència f_i té per mòdul la relació entre les amplades: B_i/A_i i fase ϕ_i, seria la funció de transferència. Com que la potència d'un senyal sinusoïdal és proporcional al quadrat de la seva amplada, tenim: $|H(f_i)|^2 = B_i^2/A_i^2$. És a dir, $|H(f)|^2$ és el guany que s'obté per cada freqüència. Per tant: $|B_i|^2 = |H(f_i)|^2 \times |A_i|^2$.

Normalment, els canals de transmissió deixen passar una banda de freqüències, és a dir $H(f) > 0$ en aquesta banda. La mida de la banda de freqüències s'anomena *amplada de banda del canal*: Bw. Per

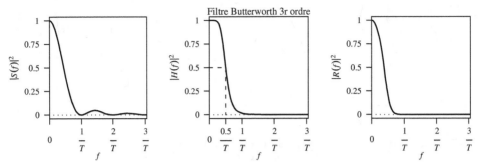

(a) Espectre del senyal transmès: $S(f)$, funció de transferència: $H(f)$ i senyal rebut $R(f) = H(f) \times S(f)$.

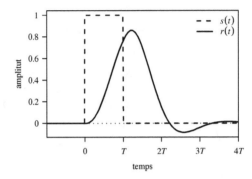

(b) Senyal transmès $s(t)$ i senyal rebut $r(t)$.

Figura 5.14: Exemple de l'efecte de la distorsió en l'espectre del senyal i la seva evolució temporal.

distingir entre l'amplada de banda d'un canal o d'un senyal farem servir: Bw^{canal} o Bw^{senyal}. Segons si Bw^{canal} es troba a l'entorn de l'origen de freqüències, o allunyat de l'origen de freqüències, es parla d'un canal *passa baix* o *passa banda* (vegeu la figura 5.12). També és possible que un canal deixi passar o no senyals amb component continu. $H(f)$ valdrà zero per $f = 0$ si elimina el component continu d'un senyal (vegeu la figura 5.12(b)).

Ara investigarem amb més detall la utilitat de la funció de transferència. Suposem que es transmet un senyal arbitrari $s(t)$ amb descomposició espectral: $s(t) = \sum_i v_i \sin(2\pi f_i t + \varphi_i)$ per un canal amb funció de transferència $H(f)$. El senyal a la sortida del canal de serà: $r(t) = \sum_i v_i \times |H(f_i)| \sin(2\pi f_i t + \varphi_i + \phi_i)$. D'aquí podem deduir que per un senyal amb descomposició espectral $S(f)$, la descomposició espectral del senyal a la sortida $R(f)$ del canal de transmissió amb funció de transferència $H(f)$ serà:

$$R(f) = S(f) \times H(f) \tag{5.9}$$

Perquè no hi hagi distorsió, la descomposició espectral del senyal a la sortida ha de ser la mateixa que el senyal a l'entrada, excepte un factor de proporcionalitat[2]. És a dir, $|H(f)|$ ha de ser constant dintre de l'amplada banda de $S(f)$ (vegeu la figura 5.13(a)). Altrament, $R(f)$ serà diferent de $S(f)$ i, per tant, hi haurà *distorsió* (vegeu la figura 5.13(b)).

---

[2]També es pot produir distorsió si el desfasament introduït pel canal de transmissió no és lineal amb la freqüència: $\phi = 2\pi t_d f$. Un desfasament d'aquest tipus produiria un retard constant en el senyal: $r(t) = s(t - t_d)$. Per simplicitat, en la nostra discussió parlarem només de la distorsió d'amplitud.

La figura 5.13 mostra què passa quan hi ha distorsió en el domini freqüencial. Però, com es tradueix això en el domini temporal? La figura 5.14 en mostra un exemple. El pols rectangular de la figura 5.14(b) té la descomposició espectral $\mid S(f) \mid^2$ que mostra la figura 5.14(a). Aquest senyal es transmet per un canal de transmissió amb la funció de transferència $\mid H(f) \mid^2$ que mostra la figura 5.14(a). La figura 5.14(a) també mostra la descomposició espectral $\mid R(f) \mid^2 = \mid S(f) \mid^2 \times \mid H(f) \mid^2$ que tindrà el senyal a la sortida. Com es pot veure en la figura, la potència de tots els harmònics de $S(f)$ amb freqüències superiors a $0,5/T$, queda atenuada per $H(f)$ en un factor ≥ 3 dB.

La figura 5.14(b) mostra l'evolució temporal del senyal a la sortida del canal de transmissió: $r(t)$. D'aquesta figura podem veure que $r(t)$ no només té una forma diferent de $s(t)$, sinó que, a més, té una duració major. L'augment de la duració de $r(t)$ quan s'eliminen harmònics de $s(t)$ el podríem haver deduït a partir de la dualitat temps-freqüència (secció 5.3.2): Encongir l'eix freqüencial representa eixamplar l'eix temporal. Aquest augment de la duració del senyal és especialment negatiu en les transmissions digitals perquè els símbols que porten informació estan confinats en un interval de temps (T en la figura). Si els símbols augmenten la seva duració, aleshores es produeix una interferència entre ells, anomenada interferència intersimbòlica (*Inter-Symbol Interference*, ISI en anglès).

5.4   Velocitat de modulació

En la secció 5.3.3 hem vist que l'amplada de banda del canal de transmissió, Bw^{canal}, limita l'amplada de banda màxima que pot tenir el senyal que es pot transmetre, Bw^{senyal}. Si es transmet un senyal amb $Bw^{senyal} > Bw^{canal}$, el canal de transmissió eliminarà harmònics del senyal transmès i es produirà distorsió. Per un altra costat, de la dualitat temps-freqüència (secció 5.3.2) sabem que hi ha una relació entre el nombre de variacions per segons que pot tenir el senyal i la seva amplada de banda. D'aquí podem deduir que hi ha una relació entre l'amplada de banda d'un canal, Bw^{canal} i el nombre de bits per segons que, com a màxim, es podran transmetre. En aquesta secció donarem una fórmula que relaciona aquestes dues magnituds. Abans, però, hem d'introduir el concepte de *velocitat de modulació*, perquè, com veurem, per augmentar la velocitat de transmissió en bits per segon d'un senyal, no hem d'augmentar obligatòriament l'amplada de banda del senyal.

Suposem, per exemple, que fem servir un senyal amb 4 símbols diferents: $+2V$, $+V$, $-V$, $-2V$. A cada un d'aquests símbols podem associar una combinació de dos bits diferents com mostra la figura 5.15(a). D'aquesta manera cada vegada que es transmet un símbol, es transmeten dos bits de cop. La figura 5.15(b) mostra un exemple dels símbols que s'enviarien per una certa seqüència de bits.

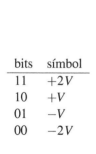

bits	símbol
11	$+2V$
10	$+V$
01	$-V$
00	$-2V$

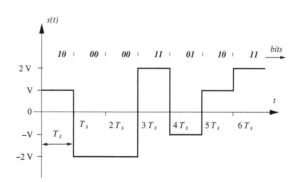

(a) Relació entre els bits i els símbols.   (b) Exemple del senyal transmès.

Figura 5.15: Exemple d'un senyal NRZ-4: fa servir 4 símbols diferents i s'envien 2 bits per símbol.

Si ara pensem en la descomposició espectral del senyal de la figura 5.15, podem deduir que el nombre de variacions del senyal per unitat de temps és proporcional a $1/T_s$, on T_s és el temps de transmissió d'un símbol (vegeu la figura 5.15(b)). D'aquí podem deduir que l'amplada de banda del senyal, Bw^{senyal}, serà proporcional a $1/T_s$. És a dir, augmentant el nombre de símbols podem transmetre més bits per segon, sense augmentar l'amplada de banda del senyal.

Per aquest motiu es va introduir el concepte de *velocitat de modulació*, que mesura la quantitat de símbols per segons del senyal. La unitat que es fa servir s'anomena *baud* (1 baud és un símbol per segon):

$$v_m = \frac{1}{T_s} \quad \text{bauds} \tag{5.10}$$

Per tant, l'amplada de banda del senyal serà proporcional a v_m. Si disposem de N símbols diferents, podem associar una combinació de $\log_2(N)$ bits a cada símbol, de manera que si tots els símbols porten una combinació diferent de bits, podrem transmetre fins a $\log_2(N)$ bits per símbol i la velocitat de transmissió en bits per segons serà:

$$v_t = \log_2(N) \times v_m \tag{5.11}$$

Cal destacar que la definició de la velocitat de modulació té una certa ambigüitat, a causa de la diferent interpretació que podem fer dels símbols. En la literatura podem trobar dues interpretacions: (i) Si volem mantenir la relació entre l'amplada de banda del senyal i la v_m, aleshores hem de definir T_s com a la mínima variació del senyal transmès. (ii) Una altra definició de T_s és la duració de les diferents formes d'ona que fem servir per transmetre la informació. Per exemple, si considerem el senyal de la figura 5.16, amb la interpretació (i), la velocitat de modulació seria: $v_m = 1/T_1$, mentre que amb la definició (ii) $v'_m = 1/T_2$.

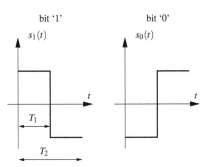

Figura 5.16: Codificació Manchester.

Queda clar, però, que si volem comparar l'amplada de banda de diferents senyals en termes de la seva v_m, hem de considerar sempre la definició (i). Suposant aquesta interpretació i coneguda la proporcionalitat que hi ha entre v_m i Bw^{senyal}, existeix el següent *criteri de Nyquist* que els relaciona:

$$Bw^{senyal} \geq \frac{v_m}{2} \tag{5.12}$$

És a dir, l'amplada de banda d'un senyal amb una velocitat de modulació v_m bauds és com a mínim $v_m/2$ Hz. Si disposem d'un canal d'amplada de banda Bw^{canal}, per no tenir distorsió s'ha de complir que: $Bw^{senyal} \leq Bw^{canal}$; per tant, podem reescriure l'equació (5.12) com:

$$v_m \leq 2Bw^{canal} \tag{5.13}$$

A més del nombre de variacions per unitat de temps (és a dir, v_m), l'amplada de banda d'un senyal depèn de la forma que tinguin els símbols. És a dir, segons el tipus de símbols que es facin servir, la desigualtat (5.12) serà més o menys propera a una igualtat. De fet, els únics símbols que compleixen la relació (5.12) amb una igualtat són del tipus $\sin(\pi t/T_s)/(\pi t/T_s)$ (vegeu la figura 5.17).

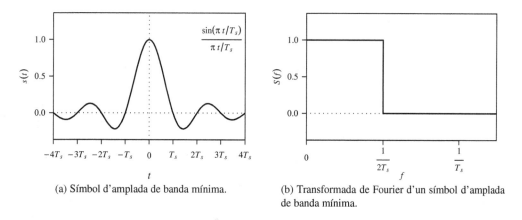

(a) Símbol d'amplada de banda mínima.

(b) Transformada de Fourier d'un símbol d'amplada de banda mínima.

Figura 5.17: Transformada de Fourier d'un símbol d'amplada de banda mínima.

5.5 Soroll

Tal com s'ha introduït en la secció 5.1, el senyal rebut $(r(t))$ és la suma del senyal útil rebut (el senyal transmès modificat pel canal de transmissió: $f[s(t)]$) més un *soroll* $n(t)$. El soroll és un senyal indesitjat que se superposa amb el senyal útil rebut i que dificulta la seva decodificació. Hi ha diferents fonts de soroll:

- Soroll tèrmic: És degut al moviment erràtic dels electrons i està present en tots els dispositius electrònics. La potència de soroll tèrmic (N_0) en un dispositiu és: $N_0 = kT Bw^{canal}$, on k és la constant de Boltzmann ($1,38 \times 10^{-23}$ Joules/Kelvin), T és la temperatura del dispositiu en graus Kelvin i Bw^{canal} és l'amplada de banda del dispositiu en Hz. Per exemple, un dispositiu de Bw^{canal} = 10 MHz i a una temperatura de 30 ^{o}C (303 K) tindrà una potència de soroll tèrmic de: $N_0 = 4.2 \times 10^{-13}$ Watts. Aquesta potència és molt petita i només sol ser important el seu efecte en sistemes en què el senyal rebut té una potència molt petita, com transmissions via satèl·lit o transmissions via ràdio.

- Soroll impulsiu: Polsos de soroll de curta durada i potència relativament gran produïts per diverses causes: Tempestes atmosfèriques, activació de dispositius de potència, motors, fluorescents, etc.

- Interferències: A causa de l'acoplament d'altres senyals transmesos, com per exemple, senyals d'altres converses telefòniques en el bucle d'abonat.

- Reflexions o eco: A causa de les reflexions dels senyals d'alta freqüència en les discontinuïtat elèctriques: Per exemple, en les xarxes ethernet amb cable coaxial cal afegir un terminador per evitar les reflexions.

- Etc.

Per mesurar la quantitat de soroll present en el senyal rebut es defineix la *relació senyal soroll* (*Signal to Noise Ratio, SNR* en anglès) i normalment es dóna en dBs:

$$\text{relació senyal soroll, } SNR(\text{dB}) = 10 \times \log_{10} \left(\frac{\text{Potència mitjana de senyal útil}}{\text{Potència mitjana de soroll}} \right) \qquad (5.14)$$

5.5.1   Fórmula de Shannon

En la secció 5.4 hem vist que la velocitat de transmissió v_t en funció del nombre de símbols N i la velocitat de modulació v_m val: $v_t = \log_2(N) \times v_m$. També hem vist que l'amplada de banda del senyal Bw^{senyal} és proporcional a v_m. Per tant, si desitgem augmentar la velocitat de transmissió d'un sistema podem: (i) augmentar la v_m, a costa d'augmentar Bw^{senyal} i (ii) augmentar el nombre de símbols N.

Per a un canal amb una certa amplada de banda Bw^{canal}, la possibilitat (i) queda limitada perquè, per no tenir distorsió, s'ha de complir que $Bw^{senyal} \leq Bw^{canal}$. Del criteri de Nyquist sabem que això comporta $v_m \leq 2 Bw^{canal}$. Amb la possibilitat (ii) sembla que podríem aconseguir una v_t tan gran com volguéssim, augmentant el nombre de símbols, N. Aquesta possibilitat, però, està limitada pel soroll: A causa del soroll, si la potència del senyal rebut és constant, augmentar N cada cop serà més difícil diferenciar entre símbols diferents.

Com que el soroll és un senyal aleatori i impredible, l'efecte que tindrà augmentar el nombre de símbols N, mantenint la relació senyal/soroll constant, és que augmentarà la probabilitat d'error: És a dir, la probabilitat de decodificar erròniament els bits rebuts. D'aquí sorgeix el concepte de *capacitat d'un canal de transmissió*: És la màxima quantitat de bits per segon lliures d'error que es poden transmetre.

El matemàtic Claude E. Shannon va deduir una fórmula per a la capacitat d'un canal amb presència d'un tipus de soroll anomenat *soroll blanc*, que es caracteritza per tenir un espectre pla en tota l'amplada de banda del canal. El soroll tèrmic és un exemple de soroll blanc.

$$C = Bw^{canal} \times \log_2\left(1 + \frac{\text{Potència mitjana de senyal útil}}{\text{Potència mitjana de soroll}}\right) \tag{5.15}$$

En la fórmula anterior la capacitat C és en bps, l'amplada de banda del canal Bw^{canal} és en Hz i la relació senyal/soroll és el quocient entre les potències. La fórmula prediu la màxima velocitat de transmissió a què es podrà enviar informació per un canal de transmissió. És a dir, és una cota màxima. La fórmula no ens diu quin tipus de senyal ni tècniques hem de fer servir per aconseguir la capacitat que prediu. Segons siguin més o menys adequades, el sistema s'apropparà més o menys al límit que prediu la fórmula.

5.6   Codificacions digitals

En aquesta secció veurem diferents tipus de senyals que es fan servir en la pràctica per transmetre informació. Tot ells tenen la característica de ser senyals en banda base, és a dir, el seu espectre està concentrat en l'origen de freqüències i ens referirem a ells com a *codificacions digitals*. Aquest tipus de senyals són adequats per transmetre a través de cables conductors. En la pròxima secció veurem senyals que normalment es fan servir per transmetre a través de medis no conductors, per exemple, senyals de ràdio. Tenen la característica de ser senyals en banda traslladada.

Els criteris que han portat al disseny de les diferents codificacions digitals que es fan servir en la pràctica són normalment els següents:

- **Eficiència de banda**: És a dir, que l'amplada de banda del senyal resultat Bw^{senyal} sigui el més petit possible. En les pròximes seccions farem una avaluació poc acurada d'aquest paràmetre: Simplement considerarem que l'eficiència és bona si la codificació només té una transició per símbol transmès (cal recordar que l'amplada de banda del senyal és proporcional al nombre de transicions per unitat de temps).

- **Component continu**: Sovint els circuits electrònics que es fan servir per transmetre el senyal estan alimentats amb fonts de component continu que es desitja aïllar de la resta del sistema de transmissió (amb condensadors o transformadors). En aquest cas el canal de transmissió elimina el component continu i, per tant, ha de triar-se un senyal que no en tingui.

- **Sincronisme de bit**: En un sistema de transmissió hi intervenen dos rellotges: Un el fa servir el transmissor per generar el senyal transmès a partir dels bits que es volen transmetre; l'altre rellotge el fa servir el receptor per decodificar els bits rebuts (vegeu la figura 5.18). Ens podem imaginar que en cada període del rellotge, el transmissor genera un símbol que codifica el bit transmès. Anàlogament, en cada període del rellotge el receptor identifica el símbol rebut per determinar el bit. Aquests dos rellotges els generen circuits diferents i cal sincronitzar-los perquè la transmissió sigui possible. Per aconseguir la sincronització hi ha diverses possibilitats:

  - **Transmissió síncrona**: Hi ha una línia de transmissió addicional per on el transmissor envia el senyal de rellotge.

  - **Transmissió asíncrona**: La transmissió de cada caràcter comença amb un bit d'*start* que provoca una transició. Aquesta transició la fa servir el receptor per disparar i així sincronitzar, el rellotge de recepció.

  - **Sincronització a partir del mateix senyal rebut**: En aquest cas, el receptor disposa d'un circuit que investiga les transicions del senyal rebut per ajustar el rellotge del receptor. Perquè això sigui possible és necessari que el senyal rebut tingui variacions garantides cada cert nombre de símbols. El temps que hi pot haver com a màxim entre transicions servirà per definir la resolució que han de tenir com a mínim el rellotge del transmissor i receptor perquè no es pugui perdre el sincronisme. En les següents subseccions amb *sincronisme de bit* ens referirem a la capacitat que té el senyal per aconseguir aquest tipus de sincronisme.

Figura 5.18: Rellotge del transmissor i del receptor.

5.6.1 *Non Return to zero*, NRZ

La codificació digital més senzilla és la NRZ: Fa servir un senyal de polaritat positiva per transmetre el bit '1' i negativa per transmetre el bit '0'. D'aquesta codificació ja n'hem parlat abans durant aquest tema. La figura 5.19 mostra els símbols que fa servir aquesta codificació i un exemple del senyal transmès donada una seqüència de bits. Les característiques d'aquesta codificació són:

- Eficiència de banda: Té un bona eficiència perquè només hi ha una transició per símbol.

- Component continu: La codificació té component continu perquè podem trobar seqüències amb mitjana $\neq 0$ (seqüències llargues de bits a '1' o '0').

- Sincronisme de bit: No es pot aconseguir sincronisme de bit amb el senyal perquè el temps entre transicions no està acotat. Per exemple, si s'envia una seqüència llarga de bit a '1' ó '0', el senyal mantindrà el mateix valor durant molts símbols consecutius.

5.6.2 Manchester

L'objectiu fonamental d'aquesta codificació va ser facilitar el sincronisme de bit i eliminar el component continu. Es va adoptar en tots els estàndards Ethernet a 10 Mbps. Per aconseguir-ho els símbols tenen sempre una transició a meitat del símbol. D'aquesta manera és com si s'enviés simultàniament el rellotge

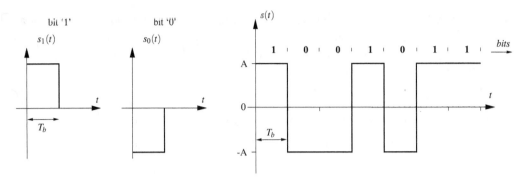

Figura 5.19: Codificació digital NRZ.

del transmissor juntament amb el senyal. El receptor només ha de recuperar les transicions que hi ha a la meitat dels símbols per tenir el rellotge. La figura 5.20 mostra els símbols que fa servir aquesta codificació i un exemple del senyal transmès donada una seqüència de bits.

- Eficiència de banda: No té una bona eficiència a causa de la transició que s'afegeix a la meitat de cada símbol. Si comparem aquesta codificació amb NRZ, NRZ té en mitjana la meitat de variacions per unitat de temps; per tant, podem deduir que Manchester tindrà aproximadament una amplada de banda doble que NRZ.

- Component continu: No té component continu perquè els dos símbols que es fan servir tenen mitjana igual a zero; per tant, qualsevol seqüència de bits es codificarà amb un senyal de mitjana zero.

- Sincronisme de bit: Tal com s'ha comentat abans, aquesta codificació facilita enormement el sincronisme de bit.

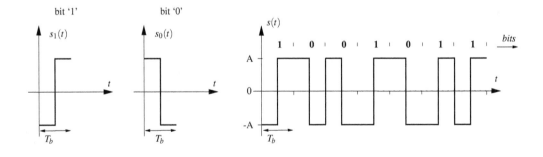

Figura 5.20: Codificació digital Manchester.

5.6.3   Bipolar o AMI

Aquesta codificació es va introduir els anys 70 als EUA en les línies digitals anomenades popularment 56k, perquè tenien una velocitat efectiva de 56 kbps. Feien servir el bucle d'abonat, és a dir, l'enllaç que connecta l'usuari amb la centraleta telefònica, igual que les línies ADSL actuals. L'objectiu del disseny era tenir una bona eficiència de banda i absència de component continu. Per això es va dissenyar una codificació amb 3 símbols: dos de polaritat contrària ($+V$, $-V$) i el zero. Quan es transmet el bit '1', s'alternen els símbols $+V$ i $-V$, per aconseguir que qualsevol senyal que es generi tingui mitjana zero (absència de component continu). Quan es transmet el bit '0', s'envia el símbol de nivell zero (vegeu la figura 5.21)

- Eficiència de banda: Té un bona eficiència perquè només hi ha una transició per símbol.

- Component continu: No té component continu: Qualsevol seqüència de bits es codificarà amb un senyal de mitjana zero.

- Sincronisme de bit: No es pot aconseguir sincronisme de bit amb el senyal perquè el temps entre transicions no està acotat: Si s'envia una seqüència llarga de bits a '0', el senyal mantindrà el mateix valor durant molts símbols consecutius. Per aconseguir el sincronisme de bit en les línies 56k, la velocitat de transmissió era de 64 kbps, però cada 8 bits s'enviava un bit de sincronisme de valor '1', per forçar una transició. Per això la velocitat efectiva era de 64 kbps$\times 7/8$ =56 kbps.

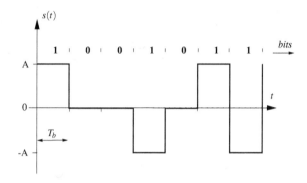

Figura 5.21: Codificació digital AMI.

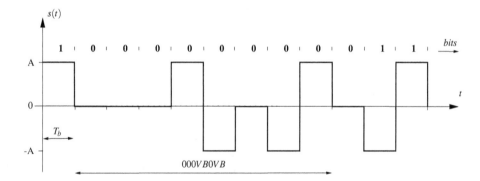

Figura 5.22: Codificació digital B8ZS.

5.6.4 B8ZS

La codificació B8ZS (*Bipolar with 8 Zero Substitution*) es fa servir en les línies ISDN als EUA. ISDN (*Integrated Service Digital Network*) va ser l'evolució de la xarxa telefònica analògica. En ISDN el bucle d'abonat és digital a 64 kbps. Això és perquè el senyal de veu analògic generat pel micròfon es mostreja a 8 kHz (8.000 mostres per segon) i cada mosta es codifica amb 8 bits: 8.000 mostres/s$\times$8 bits/mostra = 64 kbps. Aquest senyal es transmet amb una codificació AMI, però per aconseguir el sincronisme de bit se substitueixen les seqüències llargues de '0' (que donarien problemes de sincronisme) per seqüències que sí que tenen transicions: Una seqüència de 8 símbols a zero se substitueix per la seqüència de símbols: 000V B0V B, on V vol dir "violar l'alternança" i B vol dir alternança correcta. D'aquesta manera, quan el receptor rep aquest patró de bits reconeix que es correspon amb una seqüència de 8 bits a '0' (vegeu la figura 5.22). En les línies ISDN a Europa es fa servir una codificació semblant anomenada HDB3.

- Eficiència de banda: Té un bona eficiència perquè només hi ha una transició per símbol.

- Component continu: No té component continu. Qualsevol seqüència de bits es codificarà amb un senyal de mitjana zero.

- Sincronisme de bit: Té sincronisme de bit perquè el temps màxim entre transicions està acotat.

5.6.5   mBnL

La idea d'aquestes codificacions és transmetre blocs d'm bits amb un grup n d'L símbols diferents. Segons el nombre d'L de símbols diferents es fa servir la notació: B, dos símbols; T, tres símbols; i Q, 4 símbols. Per poder associar un grup de símbols diferent a cada combinació possible de bits, ha de complir-se: $L^m \geq 2^n$. Normalment s'agafen valors d'm i L que donin més combinacions de símbols de les necessàries i es trien les més convenients. Per exemple, amb fibra òptica se solen fer servir només dos símbols que es corresponen amb "enviar" i "no enviar" un feix de llum. Si s'associa el bit '1' i '0' amb cada un d'aquest símbols, una seqüència llarga de bits '0' ò '1' provocaria un senyal sense transicions, que donaria problemes de sincronisme de bit. Per això, amb fibra òptica se solen fer servir codificacions del tipus mBnB. Per exemple, per a LAN existeix l'estàndard FDDI amb fibra òptica que fa servir una codificació 4B5B.

Amb aquest tipus de codificació necessitarem una taula o regla per associar els símbols transmesos amb els bits d'informació. Per exemple, una codificació 2B3B amb símbols que identifiquem amb $+$ i $-$ podria tenir la taula que mostra la figura 5.23.

bits	símbols
11	$+-+$
10	$++-$
01	$--+$
00	$-+-$

Figura 5.23: Exemple d'una possible taula que relaciona els símbols i bits d'informació en una codificació 2B3B.

Les característiques d'eficiència de banda, component continu i sincronisme de bit dependran del símbols que es triïn. Per exemple, si en la codificació de la figura 5.23 es fan servir símbols de polaritat contrària (igual que NRZ), podem deduir que la codificació tindrà component continu, l'amplada de banda serà 3/2 major que NRZ, però tindrà sincronisme de bit.

5.7   Modulacions digitals

Si es vol transmetre un senyal a través d'un medi no conductor, com ara l'espai lliure o una fibra òptica, els senyals amb banda base que hem vist en la secció anterior no serveixen. Per exemple, per transmetre un senyal a través de l'espai lliure, la banda de freqüències que és capaç de transmetre una antena depèn de la seva geometria. Per a aquest tipus de medis de transmissió es fan servir senyals anomenats "modulacions digitals", que tenen la característica de ser senyals en banda traslladada. Els transmissors que generen aquest tipus de senyals tenen els blocs bàsics que mostra la figura 5.24. L'oscil·lador genera un senyal sinusoïdal de freqüència f_p: $A\sin(2\pi f_p t)$ anomenat *portadora* (*carrier* en anglès). En el cas de transmetre a través de l'espai, f_p estaria en la banda de freqüències que l'antena és capaç de transmetre. Aquest senyal sinusoïdal, o portadora, es *modula*, és a dir, es modifica, segons els bits que es volen transmetre. En recepció es fa el pas invers, o *demodulació* del senyal: Segons les modificacions de la portadora es recuperen els bits que s'han transmès.

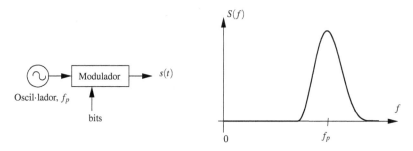

Figura 5.24: Modulació digital.

Hi ha tres tipus de modulacions bàsics que es poden fer a la portadora per codificar els bits d'informació:

- Modulació ASK (de l'anglès *Amplitude Shift Keying*, que es podria traduir per "senyalització per desplaçament d'amplitud"): Consisteix a modificar l'amplitud de la portadora: $s(t) = x(t) \sin(2\pi f_p t)$. Per exemple, $x(t)$ podria ser A quan es transmet el bit '1' i 0 quan es transmet el bit '0' (vegeu la figura 5.25(a)).

- Modulació PSK (de l'anglès *Pase Shift Keying*, que es podria traduir per "senyalització per desplaçament de fase"): Consisteix a modificar la fase de la portadora: $s(t) = A \sin(2\pi f_p t + x(t))$. Per exemple, $x(t)$ podria ser 0 quan es transmet el bit '1' i π quan es transmet el bit '0' (vegeu la figura 5.25(b)).

- Modulació FSK (de l'anglès *Frequency Shift Keying*, que es podria traduir per "senyalització per desplaçament de freqüència"): Consisteix a modificar la freqüència de la portadora: $s(t) = A \sin(2\pi (f_p + x(t)) t)$. Per exemple, $x(t)$ podria ser $+f_1$ quan es transmet el bit '1' i $-f_1$ quan es transmet el bit '0' (vegeu la figura 5.25(c)).

5.8   Detecció d'errors

A causa de la probabilitat d'error que hi ha en qualsevol canal de transmissió, és necessari desenvolupar tècniques de detecció d'errors. En la pràctica això se sol fer en més d'un dels nivells del model de referència OSI. En els temes anteriors n'hem vist alguns exemples: El camp CRC en les trames ethernet (nivell d'enllaç), el checksum en els datagrames IP (nivell de xarxa), o el checksum en els segments TCP (nivell de transport). A nivell d'aplicació solen fer-se servir algorismes per testejar la integritat de les dades, com ara els coneguts com *message-digest algorithms*, quan un error no detectat podria tenir conseqüències desastroses: Per exemple, en la transmissió d'un programa, el canvi d'un sol bit podria causar un mal funcionament.

El nivell on és més probable que es produeixin errors és el nivell físic. En un altre nivell podria ser degut a un error *hardware*, per exemple, un error de lectura/escriptura a memòria, o un error del programari (un *bug*). Per això, el nivell d'enllaç sol implementar sempre un codi detector d'errors d'una certa robustesa.

L'objectiu dels codis detectors d'errors és descobrir si un o més bits de la PDU que es vol protegir (una trama, un datagrama, ect) ha canviat. En aquest cas, la PDU es considera corrupta i es descarta. Així doncs, els codis detectors tenen com a objectiu aconseguir que la probabilitat de tenir un error no detectat *undetected error probability* sigui la més petita possible.

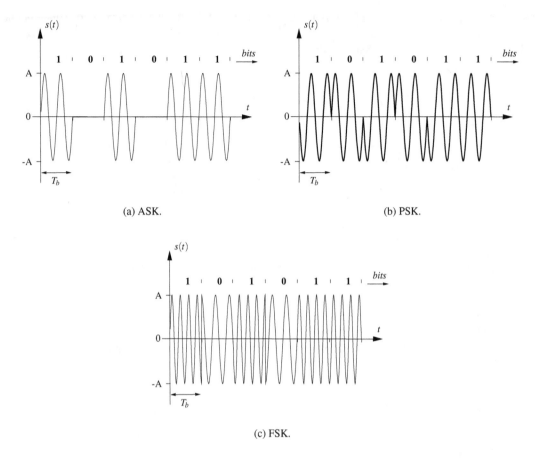

(a) ASK.   (b) PSK.

(c) FSK.

Figura 5.25: Tipus de modulacions digitals bàsiques.

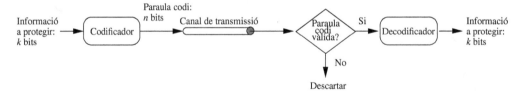

Figura 5.26: Model d'un sistema detector d'errors.

En aquesta secció veurem alguns conceptes bàsics relacionats amb la detecció d'errors. El model i la terminologia que es fa servir en aquest context és el que mostra la figura 5.26.

Suposarem que la informació a protegir és una informació binària de k bits que pot tenir qualsevol combinació possible. Aquesta informació es processa per un codificador que afegeix r bits i genera una "paraula codi" (*codeword* en anglès) de $n = k + r$ bits. El nombre de bits r afegits pel codi s'anomenen "bits de redundància", perquè no porten informació. Aquesta codificació associa una "paraula codi vàlida" diferent a cada possible valor de la informació a protegir. Així doncs, hi ha 2^k paraules codi vàlides. Les $2^n - 2^k$ combinacions que queden sense assignar s'anomenen "paraules codi no vàlides". En recepció es mira si la paraula codi rebuda pertany al conjunt de paraules codi vàlides. En cas afirmatiu el decodificador recupera els k bits originals. Altrament, es considera que hi ha hagut un error i es descarta la paraula codi rebuda.

No s'ha de confondre la probabilitat d'error amb la probabilitat d'error no detectat. Vegem-ne un exemple per entendre la diferència: El codi detector d'errors per *bit de paritat* consisteix a afegir un sol bit de redundància. Més endavant veurem que el bit de paritat no detecta errors si es produeix un nombre parell de bits erronis. Suposem un canal de transmissió amb una probabilitat d'error en un bit p, independent per a tots els bits de la paraula codi. Si les paraules codi tenen n bits, la probabilitat de rebre una paraula codi amb errors val:

$$P\{\text{paraula codi amb error}\} = 1 - P\{\text{paraula codi correcte}\} = 1 - P\{\text{bit correcte}\}^n = 1 - (1-p)^n \quad (5.16)$$

Per a valors de $n \times p \ll 1$: $(1-p)^n \approx 1 - n \times p$. Per tant: $P\{\text{paraula codi amb error}\} \approx n \times p$, $n \times p \ll 1$.

La probabilitat de rebre una paraula codi amb i errors és la probabilitat que qualsevol combinació de i bits entre els n de la paraula codi arribin amb error i que els altres $n - i$ arribin sense error, és a dir:

$$P\{i \text{ errors}\} = \binom{n}{i} p^i (1-p)^{n-i} \quad (5.17)$$

És interessant notar que l'equació (5.17) és una binomial, de mitjana: $\sum_{i=0}^{n} i \binom{n}{i} p^i (1-p)^{n-i} = n \times p$. Per tant, la mitjana de bits erronis rebuts valdrà:

$$\text{Mitjana dels bits erronis rebuts per una paraula codi de } n \text{ bits en un canal de probabilitat d'error en el bit } p = n \times p \quad (5.18)$$

Amb el codi detector d'error per bit de paritat la probabilitat de tenir una paraula codi amb errors no detectada és la probabilitat de tenir un nombre parell d'errors, és a dir:

$$P\{\text{error no detectat}\} = \sum_{i \text{ parell} > 0} \binom{n}{i} p^i (1-p)^{n-i} \quad (5.19)$$

Per exemple, per $n = 9$:

$$P\{\text{error no detectat}, n = 9\} = \sum_{i = \{2,4,6,8\}} \binom{9}{i} p^i (1-p)^{n-i} \quad (5.20)$$

Substituint $p = 10^{-4}$ i $n = 9$ en (5.16) i (5.20) tenim:

$$\begin{aligned} P\{\text{paraula codi amb error}\} &\approx 9 \times 10^{-4} \\ P\{\text{error no detectat}\} &\approx 3,6 \times 10^{-7} \end{aligned}$$

És a dir, la probabilitat d'error no detectat és 3 ordres de magnitud més petita que la probabilitat d'error.

Les figures 5.27(a) i 5.27(b) mostren respectivament la probabilitat d'error (equació (5.16)) i la mitjana dels bits erronis rebuts (equació (5.18)), per $n = 9$ i variant $p = 0 \sim 0,5$ (és a dir, des d'un canal que no introdueix errors: $p = 0$, fins a un canal que transmet cada bit aleatòriament: $p = 0,5$). Fixeu-vos que les escales són logarítmiques. La figura 5.27(a) mostra que quan la probabilitat d'error en el bit és màxima ($p = 0,5$), la probabilitat d'error de la paraula codi transmesa és pràcticament 1. Per altra banda, la figura 5.27(b) mostra que amb $p = 0,5$, en mitjana la meitat dels bits rebuts seran erronis.

Finalment, la figura 5.28 mostra la probabilitat d'error no detectat per un bit de paritat i paraula codi de $n = 9$ bits (equació (5.20)). En la figura 5.28 podem veure que quan la probabilitat d'error en el bit és màxima ($p = 0,5$), la probabilitat de tenir un error no detectat és de 0,5. Més endavant justificarem aquest resultat.

Existeixen nombrosos codis detectors d'error (els més usats s'explicaran en els següents apartats). Per determinar el codi més adequat per a un cert canal de transmissió hauríem de calcular la probabilitat que es produís un error no detectat. Desafortunadament, aquesta probabilitat depèn de les característiques

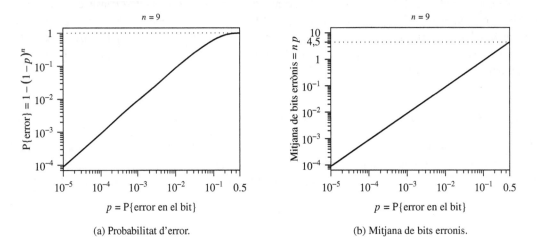

(a) Probabilitat d'error.

(b) Mitjana de bits erronis.

Figura 5.27: Probabilitat d'error i mitjana de bits erronis per a una paraula codi de $n = 9$ bits, en funció de la probabilitat d'error en el bit, p.

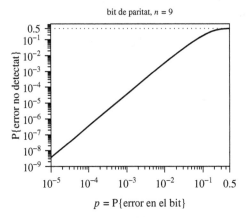

Figura 5.28: Probabilitat d'error no detectat per a un codi detector d'errors amb un bit de paritat per una paraula codi de $n = 9$ bits, en funció de la probabilitat d'error en el bit, p.

del canal i, a més, en general és molt difícil de calcular. Això és degut entre altres motius a que en la pràctica els errors solen presentar-se a ràfegues i aquestes són difícils de modelar. És a dir, la hipòtesi que hem fet abans que la probabilitat d'error és independent en els bits de la paraula codi, en general no és certa.

A causa de a les dificultats que hi ha a determinar la probabilitat d'un error no detectat, se solen considerar els següents tres paràmetres per mesurar la robustesa d'un codi detector d'errors:

- La distància de Hamming.

- La capacitat de detecció de ràfegues d'error (*burst detecting capability*).

- La probabilitat que una combinació arbitrària de bits sigui acceptada com una paraula vàlida.

Per definir la distància de Hamming d'un codi, definirem primer la distància entre dues seqüències de bits: És el nombre de bits de diferència entre elles. En cas de ser les seqüències transmesa i rebuda, aquest valor seria el nombre de bits erronis. Per exemple, la distància entre les seqüències 00100101 i 01101101 seria 2.

La distància de Hamming d'un codi es defineix com la mínima distància entre dues paraules codi vàlides diferents. Així doncs, per calcular la distància de Hamming aplicant directament la definició hauríem de considerar totes les parelles possibles de paraules codi vàlides, mirar quants bits diferents hi ha i agafar-ne el mínim. En general, però, hi ha altres maneres de deduir la distància de Hamming sense fer aquesta recerca exhaustiva.

Una conseqüència de la definició de distància de Hamming d'un codi és que si el canal de transmissió introdueix un nombre de bits erronis menor a la distància de Hamming, el codi detectarà l'error amb probabilitat 1.

Les ràfegues d'error normalment es produeixen per espurnes, que superposades al senyal, provoquen que diversos bits consecutius quedin amb la mateixa polaritat. Com a conseqüència, mentre dura l'espurna alguns bits canvien i altres no. A causa d'això, la ràfega d'error en una trama es defineix com el nombre de bits que hi ha entre el primer bit erroni i l'últim, ambdós inclosos. Finalment, la capacitat de detecció d'una ràfega d'error es defineix com l'enter major B tal que el codi és capaç de detectar totes les ràfegues d'error més petites o iguals que B.

Si una paraula codi rebuda és tal que el nombre de bits erronis és inferior a la distància de Hamming del codi, o la ràfega d'error és menor o igual a la capacitat de detecció de ràfegues, el codi detectarà l'error amb probabilitat 1. És a dir, la probabilitat d'error no detectat condicionat a que es compleix alguna d'aquestes condicions és 0. Si aquestes condicions no es compleixen, el codi pot o no detectar l'error. Calcular la probabilitat d'error no detectat en aquest cas és en general molt difícil. Però si el nombre de bits erronis és tal que s'excedeix en molt la distància de Hamming o la capacitat de ràfegues d'error, podem fer l'aproximació que la paraula codi rebuda és una paraula codi triada a l'atzar. Per tant, la probabilitat d'error no detectat és la probabilitat que aquesta paraula sigui una paraula codi vàlida, perquè no detectaríem l'error i seria una paraula codi diferent a la transmesa. Com que el nombre de paraules codi possibles és $2^n = 2^{k+r}$, on r és el nombre de bits de redundància afegits pel codi i el nombre de paraules codi vàlides és 2^k, tenim que:

$$P\left\{\begin{array}{l}\text{Probabilitat}\\\text{d'error no}\\\text{detectat}\end{array}\middle|\begin{array}{l}\text{El nombre de bits erronis és tal que}\\\text{s'excedeix en molt la distància de Ham-}\\\text{ming o la capacitat de ràfegues d'error}\end{array}\right\}\approx P\left\{\begin{array}{l}\text{Una combinació arbi-}\\\text{trària de bits és accep-}\\\text{tada com a vàlida}\end{array}\right\}=\frac{2^k}{2^{k+r}}=\frac{1}{2^r} \quad (5.21)$$

Per exemple, el bit de paritat fa servir una redundància $r = 1$ bit. En la figura 5.28 es pot comprovar que quan $p \to 0,5 \Rightarrow P\{\text{error no detectat}\} \to 1/2^r = 0,5$.

5.8.1 Bit de paritat

El codi detector d'errors més senzill que hi ha és l'anomenat bit de paritat. El bit de paritat consisteix a afegir un sol bit al bloc de bits que es vol protegir, anomenat bit de paritat (vegeu la figura 5.29). El valor del bit de paritat es tria de manera que la suma dels '1' de la paraula codi sigui un número parell (paritat parella). Si el criteri és que la suma sigui un número senar es parla de paritat senar. La paritat parella es pot calcular fàcilment fent l'operació XOR (or exclusiva) dels bits a protegir (vegeu la figura 5.30).

Si en la transmissió de la paraula codi es produeix un sol error (un '1' passa a valer '0' o un '0' passa a valer '1'), la paritat de la paraula codi canviarà i no coincidirà amb la del bit de paritat. Aquest error, per tant, es detectarà. Igualment, podem deduir que un nombre senar d'errors es detectarà. Si hi ha en canvi dos errors, o un nombre parell d'errors, la paritat serà la mateixa i l'error no es detectarà. D'aquest resultat tenim que la diferència mínima entre dues paraules codi vàlides és de 2 bits, per tant, la distància de Hamming val 2. Així doncs, el codi és capaç de detectar amb probabilitat 1 tots els errors inferiors a dos bits, és a dir, només 1 bit. Com que el codi no detecta una ràfega d'error igual a dos (dos bits consecutius erronis), la capacitat de detecció de ràfegues val 1.

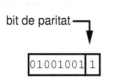

A	B	A XOR B
0	0	0
0	1	1
1	0	1
1	1	0

Figura 5.29: Exemple de bit de pari-   Figura 5.30: La paritat parella es pot
tat, paritat parella.   calcular amb l'operació XOR.

5.8.2 Codis de paritat longitudinal i transversal

Una manera de millorar la robustesa del codi detector d'errors per bit de paritat consisteix a organitzar els bits a protegir en una matriu i calcular la paritat de les files i de les columnes, inclosa la columna de paritat de les files. Les paritats de les files s'anomenen paritats transversals o horitzontals i les de les columnes longitudinals o verticals. El bit que correspon a ambdues paritats ha de ser el mateix calculat en ambdós sentits.

La figura 5.31(a) mostra aquesta tècnica. Normalment el bit de paritat l'afegeix el nivell físic. Per exemple, un port RS-232 i la paritat longitudinal es calcula fent l'operació XOR dels caràcters enviats anteriorment. Aquest caràcter afegit i en general el codi detector d'errors, es coneix com a *Longitudinal Redundancy Check*, LRC.

Ara un error no detectat es produeix quan hi ha un nombre parell de bits erronis simultàniament en totes les files i columnes que tenen un error. Per exemple, si les paraules codi transmesa i rebuda fossin respectivament les mostrades en les figures 5.31(a) i 5.31(b), els bits marcats en la paraula codi rebuda serien erronis i l'error no es detectaria.

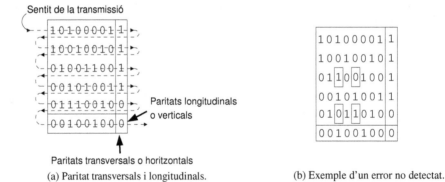

(a) Paritat transversals i longitudinals.   (b) Exemple d'un error no detectat.

Figura 5.31: Codi detector d'errors LRC.

De la figura 5.31(b) deduïm que com a mínim hi ha 4 bits de diferència entre dues paraules codi vàlides, per tant, la distància de Hamming d'aquest codi és 4. Per determinar la capacitat de detecció de ràfega hem de trobar la ràfega mínima no detectada. De la figura 5.31(b) és fàcil deduir que la ràfega mínima no detectada es produeix quan els quatre bits erronis són adjacents i la seva mida és igual a la longitud d'una fila + 2. Així doncs, la capacitat de detecció de ràfega és la longitud d'una fila + 1.

5.8.3 Codis detectors d'errors CRC

Uns codis detectors d'errors molt usats són els coneguts com a CRC, de l'anglès *Cyclic Redundancy Check*. Per explicar el funcionament d'aquests codis és convenient representar les seqüències de bits amb polinomis tal com s'explica a continuació:

Ens referirem als bits d'una seqüència s de k bits com s_{k-1}, s_{k-2}, $\cdots$, s_0. Definim la representació polinomial $s(x)$ de la seqüència s com:

$$s(x) = s_{k-1}\, x^{k-1} + s_{k-2}\, x^{k-2} + \cdots + + s_1\, x + s_0$$

L'objectiu de les potències x^j és distingir el pes del bit s_j dintre de la seqüència. Suposem que la seqüència s és la formada pels bits que volem protegir. Als bits s de la seqüència s'hi afegeix una seqüència de r bits, diguem-li c, per a la detecció d'errors. Aquests bits es coneixen com el CRC de la seqüència. La representació polinomial de la seqüència, diguem-li t, formada pels bits s i el CRC serà doncs: $t(x) = s(x)\, x^r + c(x)$.

El càlcul del CRC es defineix en funció d'un polinomi generador $g(x)$, de manera que el polinomi $c(x)$ és defineix com la resta de la divisió en mòdul 2 entre els polinomis $s(x)\, x^r$ i $g(x)$, és a dir:

$$c(x) = \text{Resta}\left[\left.\frac{s(x)\, x^r}{g(x)}\right|_{\text{mòdul 2}}\right]$$

En mòdul 2, l'operació de resta és igual a l'operació suma que a la vegada és l'operació XOR binària.

Per exemple, suposem que la seqüència de bits a protegir és 11001, amb un CRC de tres bits ($r = 3$) i que el polinomi generador és $g(x) = x^3 + 1$. Tenim que $s(x) = x^4 + x^3 + 1$, $s(x)\, x^r = x^7 + x^6 + x^3$ i la divisió en mòdul 2 de $(s(x)\, x^r)/g(x)$ és:

$$
\begin{array}{rl|l}
x^7 + x^6 \quad\;\; + x^3 & & \;x^3 + 1 \\
\underline{x^7 \qquad\; + x^4} & & \;x^4 + x^3 + x \\
\quad x^6 + x^4 + x^3 & & \\
\quad \underline{x^6 \qquad + x^3} & & \\
\qquad\;\; x^4 & & \\
\qquad\;\; \underline{x^4 \qquad + x} & & \\
\qquad\qquad\;\; x & &
\end{array}
$$

S'obté, doncs, $c(x) = x$ i per tant el CRC a afegir seria 010.

Per saber si hi ha hagut algun error, en recepció es repeteix la divisió fent servir el mateix polinomi generador. Si la resta coincideix amb el CRC, s'assumeix que la trama s'ha rebut correctament.

El grau del polinomi generador $g(x)$ ve donat pel nombre de bits que es desitja que tingui el CRC. La resta de la divisió per un polinomi de grau p és un polinomi de grau menor o igual a $p - 1$. Per tant, si desitgem que el CRC tingui r bits, és a dir, la seva representació polinomial tingui un grau menor o igual a $r - 1$, haurem de triar un polinomi generador de grau r.

Les propietats del codi CRC depenen del polinomi generador. En general, però, es pot demostrar que escollint un polinomi generador adequat de grau r (és a dir amb un CRC de r bits):

- La distància de Hamming del codi és major o igual a 4.

- La capacitat de detecció de ràfegues d'error és major o igual a r.

Hi ha polinomis generadors molt usats que han estat estandarditzats. Alguns d'aquests, per a CRCs de 16 i 32 bits, són els següents:

$$g(x) = x^{16} + x^{15} + x^2 + 1$$
$$g(x) = x^{16} + x^{12} + x^5 + 1$$
$$g(x) = x^{32} + x^{26} + x^{23} + x^{22} + x^{16} + x^{12} + x^{11} + x^{10} + x^8 + x^7 + x^5 + x^4 + x^2 + x + 1$$

Apèndixs

5.A   Sèrie i transformada de Fourier

Existeixen diverses formes d'aconseguir una representació sinusoïdal d'un senyal:

- Si el senyal és periòdic, aleshores es pot representar amb una *sèrie de Fourier*.

- Si el senyal no és periòdic, aleshores en comptes d'una sèrie, el senyal es pot representar amb una *integral de Fourier*.

5.A.1   Sèrie de Fourier

Sigui $f(t)$ una funció periòdica de període T. És a dir, una funció que per a la constant menor T, verifica per tot t:

$$f(t) = f(t+T) \tag{5.22}$$

Aleshores, la funció $f(t)$ es pot representar amb la sèrie[3]:

$$f(t) = a_0 + \sum_{n=1}^{\infty} a_n \, \cos(2\pi n f_0 t) + b_n \, \sin(2\pi n f_0 t) \tag{5.23}$$

On $f_0 = 1/T$ i les constants a_0, a_n i b_n vénen donades per:

$$
\begin{aligned}
a_0 &= \frac{1}{T}\int_{-T/2}^{T/2} f(t)\,dt \\
a_n &= \frac{2}{T}\int_{-T/2}^{T/2} f(t)\,\cos(2\pi n f_0 t)\,dt \\
b_n &= \frac{2}{T}\int_{-T/2}^{T/2} f(t)\,\sin(2\pi n f_0 t)\,dt
\end{aligned}
\tag{5.24}
$$

Tenint en compte la relació: $\sin(\alpha+\beta) = \sin(\alpha)\cos(\beta) + \cos(\alpha)\sin(\beta)$, la representació (5.23) es pot escriure com:

$$f(t) = a_0 + \sum_{n=1}^{\infty} v_n \, \sin(2\pi n f_0 t + \phi_n) \tag{5.25}$$

On:

$$
\begin{aligned}
v_n &= \sqrt{a_n^2 + b_n^2} \\
\phi_n &= \tan^{-1}\left(\frac{a_n}{b_n}\right)
\end{aligned}
\tag{5.26}
$$

Finalment, tenint en compte les relacions: $\cos(\alpha) = (e^{j\alpha} + e^{-j\alpha})/2$, $\sin(\alpha) = (e^{j\alpha} - e^{-j\alpha})/(2j)$, la sèrie (5.23) es pot escriure amb coeficients complexos com:

$$f(t) = \sum_{n=-\infty}^{\infty} c_n \, e^{j2\pi n f_0 t} \tag{5.27}$$

On:

$$c_n = \frac{1}{T}\int_{-T/2}^{T/2} f(t)\,e^{-j2\pi n f_0 t}\,dt \tag{5.28}$$

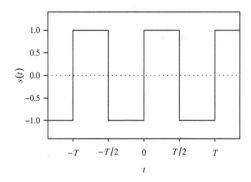

Figura 5.32: Senyal rectangular periòdic.

Els coeficients complexos $c_n = |c_n| \, e^{j\phi_n}$ tenen la següent relació amb els coeficients reals (5.24): $|c_n| = \frac{1}{2}\sqrt{a_n^2 + b_n^2}$, $\phi_n = \tan^{-1}(-b_n/a_n)$.

Per exemple, per al senyal rectangular periòdic de període T (figura 5.32), $f(t+T) = f(t)$, on:

$$f(t) = \begin{cases} -1, & -T/2 < t < 0 \\ 1, & 0 < t < T/2 \end{cases}$$

Les constants (5.24) de la sèrie de Fourier valen:

$$
\begin{aligned}
a_0 &= 0, \quad \text{la mitjana de } f(t) \text{ val zero.} \\
a_n &= 0, \quad \text{perquè } f(t) \text{ és un senyal } \textit{senar: } f(t) = -f(-t). \\
b_n &= \frac{2}{T}\int_{-T/2}^{0} -\sin(2\pi nt/T)\,dt + \frac{2}{T}\int_{0}^{T/2}\sin(2\pi nt/T)\,dt = \frac{2}{n\pi}(1 - \cos(n\pi))
\end{aligned}
$$

Substituint en (5.23) i tenint en compte que: $\cos(n\pi) = (-1)^n$, s'obté:

$$
\begin{aligned}
f(t) &= \sum_{n=0}^{\infty} \frac{4}{(2n+1)\pi}\,\sin((2n+1)\,2\pi f_0 t) \\
&= \frac{4}{\pi}\left\{ \sin(2\pi f_0 t) + \frac{1}{3}\sin(3 \times 2\pi f_0 t) + \frac{1}{5}\sin(5 \times 2\pi f_0 t) + \cdots \right\}
\end{aligned}
$$

5.A.2 Integral de Fourier

Una funció no periòdica $f(t)$ es pot representar amb la integral:

$$f(t) = \int_{-\infty}^{\infty} F(f)\, e^{j2\pi f t}\, df \tag{5.29}$$

On la funció $F(f)$ complexa de variable real f s'anomena la *transformada de Fourier* de la funció $f(t)$, i ve donada per:

$$F(f) = \int_{-\infty}^{\infty} f(t)\, e^{-j2\pi f t}\, dt \tag{5.30}$$

Per exemple, pel polsos rectangular (figura 5.33(a)):

$$f(t) = \begin{cases} 1, & |t| < T/2 \\ 0, & |t| > T/2 \end{cases}$$

---

[3]Observació: Per abreujar la notació, en comptes de la freqüència en Hz, f, alguns autors fan servir la freqüència en radians per segons: $w = 2\pi f$.

La transformada de Fourier val (vegeu la figura 5.33(b)):

$$F(f) = \int_{-\infty}^{\infty} f(t)\, e^{-j2\pi ft}\, dt = \int_{-T/2}^{T/2} e^{-j2\pi ft}\, dt = \left.\frac{e^{-j2\pi ft}}{-j2\pi f}\right|_{-T/2}^{T/2} = \frac{\sin(\pi f T)}{\pi f}$$

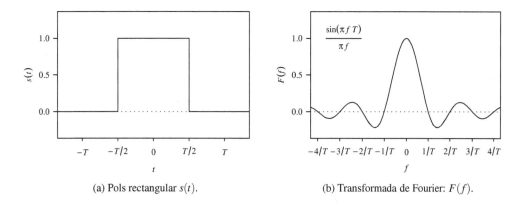

(a) Pols rectangular $s(t)$. (b) Transformada de Fourier: $F(f)$.

Figura 5.33: Transformada de Fourier d'un pols rectangular.

La taula 5.3 llista les propietats més importants de la transformada de Fourier.

$f(t)$	$F(f)$
$a_1\, f_1(t) + a_2\, f_2(t)$	$a_1\, F_1(f) + a_2\, F_2(f)$
$f(-t)$	$F(-f)$
$f(t - t_0)$	$F(f)\, e^{j2\pi f t_0}$
$f(t)\, e^{j2\pi f_0 t}$	$F(f - f_0)$
$F(t)$	$f(-f)$
$f(\alpha t)$	$\frac{1}{\alpha}\, F(f/\alpha)$
$d^n f(t)/dt^n$	$(j2\pi f)^n\, F(f)$
$\int_{-\infty}^{t} f(\tau)\, d\tau$	$\frac{1}{j2\pi f} F(f) + \frac{1}{2} F(0)\, \delta(f)$ Nota: el segon terme és zero per a funcions d'àrea nul·la.
$f_1 * f_2(t) = \int_{-\infty}^{\infty} f_1(\tau)\, f_2(t - \tau)\, d\tau$	$F_1(f) F_2(f)$
$f_1(t)\, f_2(t)$	$F_1 * F_2(f) = \int_{-\infty}^{\infty} F_1(\alpha)\, F_2(f - \alpha)\, d\alpha$
$\int_{-\infty}^{\infty} |f(t)|^2\, dt = \int_{-\infty}^{\infty} |F(f)|^2\, df$	

Taula 5.3: Propietats de la transformada de Fourier.

5.A.3 Senyals aleatoris

Les descomposicions espectrals explicades en les seccions 5.A.1 i 5.A.2 serveixen per a senyals *deterministes*. En la pràctica, però, el senyal $s(t)$ que es transmet pel canal sol ser un senyal *aleatori*: Per exemple, en el cas d'un senyal digital, depèn dels bits que es transmeten. Donat els avantatges que permet la representació freqüencial, és desitjable tenir també una representació d'aquest tipus per a senyals aleatoris. En aquest apèndix no explicarem els detalls de les eines matemàtiques que es fan servir. Simplement cal comentar que existeix una representació freqüencial per a senyals aleatoris amb propietats anàlogues a les que té la representació freqüencial per a senyals deterministes. En concret, aquesta representació s'anomena "densitat espectral de potència" i es defineix com la transformada de Fourier de la funció d'autocorrelació del senyal: $R_s(t_1, t_2) = E[s(t_1) s(t_2)]$, on $E[\cdot]$ és la mitjana estadística.

Llista d'acrònims

ACL	Access Control List		ESS	Extended Service Set
API	Application Program Interface		FDDI	Fiber Distributed Data Interface
AP	Access Point		GRE	Generic Routing Encapsulation
ARPA	Advanced Research Projects Agency		IANA	Internet Assigned Numbers Authorityw
ARP	Address Resolution Protocol			
ARQ	Automatic Repeat reQuest		ICMP	Internet Control Message Protocol
ASN	Autonomous System Number		IEEE	Institute of Electrical and Electronics Engineers
AS	Autonomous System			
ATM	Asynchronous Transfer Mode		IETF	Internet Engineering Task Force
AUI	Attachment Unit Interface		IGRP	Interior Gateway Routing Protocol
BGP	Border Gateway Protocol		IP	Internet Protocol
BSSID	BSS Identifier		IPCP	Internet Protocol Control Protocol
BSS	Basic Service Set		IPG	Inter Packet Gap
CDN	Content Distribution Network		IPsec	Internet Protocol Security
CIDR	Classless Inter-Domain Routing		ISDN	Integrated Services Digital Network
CRC	Cyclic Redundancy Check		ISL	Inter-Switch Link
CSMA/CA	CSMA with Collision Avoidance		ISM	Industrial, Scientific, and Medical
CSMA/CD	CSMA with Collision Detection		ISO	International Organisation for Standardisation
CSMA	Carrier Sense Multiple Access			
DCE	Data Communications Equipment		ISP	Internet Service Provider
DCF	Distributed Coordination Function		ITU	International Telecommunications Union
DHCP	Dynamic Host Configuration Protocol			
DMA	Direct Memory Access		LAN	Local Area Network
DNAT	Destination Network Address Translation		LLC	Logical Link Control
			MAC	Medium Access Control
DNS	Domain Name System		MAU	Media Access Unit
DSAP	Destination Service Access Point		MSL	Maximum Segment Lifetime
DS	Distribution System		MSS	Maximum Segment Size
DTE	Data Terminal Equipment		MTU	Maximum Transfer Unit
EBSS	Independent BSS		NAPT	Network Address and Port Translation

NAT	Network Address Translation		SAP	Service Access Point
NIC	Network Interface Card		SNAP	SubNetwork Access Protocol
OSI	Open Systems Interconnection		SOHO	Small Office Home Office
OSPF	Open Shortest Path First		SSAP	Source Service Access Point
PAT	Port and Address Translation		STP	Spanning Tree Protocol
PCF	Point Coordination Function		TCI	Tag Control Information
PDU	Protocol Data Unit		TCP	Transmission Control Protocol
PPP	Point to Point Protocol		TPID	Tag Protocol Identifier
PPTP	Point-to-Point Tunneling Protocol		TTL	Time To Live
RFC	Request For Comments		UDP	User Datagram Protocol
RIB	Routing Information Base		VLAN	Virtual Local Area Network
RIP	Routing Information Protocol		VPN	Virtual Private Network
RIR	Regional Internet Registries		WAN	Wide Area Network
RR	Resource Record		WDS	Wireless Distribution System
RSTP	Rapid Spanning Tree Protocol		WLAN	Wireless Local Area Network
RTO	Retransmission Time-Out		WiFi	Wireless Fidelity
RTT	Round Trip Time			

Índex alfabètic

A

Adreces IP
    Adreces IP especials, 14
    Adreces públiques, 15, 17
    Adreces privades, 15
    Classes, 13
ADSL, 2
anàlisi espectral, 109
AP, 95
APNIC, 15
ARIN, 15
ARP, 18
    ARP Reply, 19
    ARP Request, 19
    Format dels missatges ARP, 20
    Gratuitous ARP, 21
    procediment de resolució, 19
    Proxy ARP, 21
ARPANET, 1
ARQ, 41
    Go back N, 42
    Protocols de finestra, 50
    Retransmissió selectiva, 42
    Stop and wait, 42
AS, 36
    multihomed AS, 36
    stub AS, 36
    transit AS, 36
atenuació, 106
ATM, 39
AUI, 86
Autentificació, 40
awnd, 55

B

banda base, 110
banda traslladada, 111
best effort, 10
BGP, 36
    BGP peers, 36
bridge, 89

BSS, 98
BSSID, 98

C

cable creuat, 103
canal passa banda, 114
canal passa baix, 114
Capçalera IP, 10
    Don't fragment, 12
    Flags, 11, 12
    Fragment Offset, 11
    Header Checksum, 11
    Identification, 11, 12
    IP Header Length, 10
    Loose Source Routing, 11
    More fragments, 12
    Offset, 12
    Options, 11
    Protocol, 11
    Record Route, 11
    Strict Source Routing, 11
    Time to Live (TTL), 11
    Type of Service, 10
capacitat d'un canal de transmissió, 118
CDN, 28
CIDR, 16
codificacions digitals, 118
    B8ZS, 121
    Bipolar o AMI, 120
    Manchester, 119
    mBnL, 122
    NRZ, 119
component continu, 111
Congestion Avoidance, 62, 64
connection oriented, 10
connectionless, 10
Control de congestió, 54
Control de flux, 49, 54
CRC, 128
criteri de Nyquist, 116
CSMA, 78

CSMA 1 persistent, 78
CSMA no persistent, 78
CSMA/CA, 96
CSMA/CD, 81
cwnd, 55

D
daemon, 52
datagrama, 4
DB15, 86
DCE, 87
DCF, 96
deciBel, 106
delayed acknowledgments, 56
DHCP, 23
distorsió, 106
distribució de Poisson, 103
DNAT, 26
DNS, 26
    authority, 27
    registrar, 27
domini de col·lisions, 88
DS, 99
DSAP, 74
DTE, 87
dualitat temps-freqüència, 111

E
eavesdropping, 40
EIA, 5
Encriptació, 40
ESS, 99
Ethernet, 18, 74, 79
    10Base2, 86
    10Base5, 86
    10BaseT, 87
    control de flux, 91
    IPG, 81
    senyal de *jam*, 81
    slot time, 81–83
    tap, 86
ETSI, 5

F
fórmula de Shannon, 118
FDDI, 73
finestra advertida, 55
Fragmentació, 11
Frame Relay, 39
full duplex, 85

funció de transferència, 112
funció de *jabber*, 86

G
GRE, 40

H
half duplex, 85
harmònics, 109
host, 9
hostid, 13
hub, 87

I
IANA, 14
IBSS, 99
ICMP, 22
    echo reply, 23
    echo request, 23
    fragmentation needed but DF set, 23
    host unreachable, 23
    network unreachable, 23
    port unreachable, 23
    protocol unreachable, 23
    redirect for network, 23
    source quench, 23
    TTL=0 during transit, 23
IEEE, 5
IEEE-802.1Q, 94
IETF, 5
IGRP, 32
interferència intersimbòlica, 115
IP, 4
IP over IP, 40
IPCP, 23
IPsec, 40
ISL, 94
ISM, 95
ISO, 5
ISP, 1
ITU, 5

J
jabber, 86, 91

L
l'opció *timestamp*, 66
LACNIC, 15
LAN, 2, 71
LAN-to-LAN VPNs, 39
late collision, 84

LLC, 74
Longest Prefix Match, 18
LRC, 128

M
MAC, 74
    Accés al medi aleatori, 75
    Aloha, 76
    col·lisió, 76
    Pas de testimoni, 75
    temps de *backoff*, 75
MAU, 86
Medium Access Control, 72
modulacions digitals, 122
    ASK, 123
    FSK, 123
    PSK, 123
MSL, 62
MSS, 54
MTU, 11
    MTU Path Discovery, 12
multiplexat, 52

N
Nagle algorithm, 56
NAT, 24
    NAPT, 25
    NAT dinàmic, 25
    NAT estàtic, 25
    PAT, 25
netid, 13
NIC, 9
    NIC "combo", 87
NRZ, 105
NSFNET, 1

O
OSI, 5
OSPF, 32, 35

P
paradigma client-servidor, 52
PAT, 25
PCF, 96
PDU, 6, 74
port, 8, 52
    efímer, 8, 52
    well-known, 8, 52
ppp, 23
PPTP, 40
propietats dels logaritmes, 107

R
Regional Internet Registries, 14, 36
relació senyal soroll, 117
Remote Access VPNs, 39
resolver, 26
RFC, 5
RIB, 37
RIP, 32
    Count to infinity, 34
    mètrica infinit, 33
    port, 32
    Split horizon, 34
    Split horizon with poisoned reverse, 35
    triggered updates, 35
    versió 2, 33
RIPE, 14
root-servers, 27
router, 4
RR, 30
RSDI, 39
RSTP, 90
RTO, 65
RTT, 63, 66
runt, 84

S
SAP, 74
Slow Start, 62, 64
slow start threshold, 62
SNAP, 80
snd_una, 62
SOHO, 15
soroll, 117
SSAP, 74
ssthresh, 62
store & forward, 10, 89
STP, 90
subnetting, 15
switch, 89

T
Túnels, 40
Taula d'encaminament, 17
    algorisme de lliurament de datagrames, 17
    Encaminament directe, 17
    Encaminament indirecte, 17
    entrada per defecte, 17
TCI, 94
TCP, 7, 54
    flag ACK, 57

flag FIN, 57
flag PSH, 57
flag RST, 57
flag SYN, 57, 59
flag URG, 57
initial sequence number, 59
Maximum segment size, 58
SACK, 58
Timestamp, 58
Window scale factor, 58
TCP Reno, 64
three-way-handshaking, 59
Token-Bus, 76
Token-Ring, 73, 74
TPID, 94
transceiver, 86
transformada de Fourier, 110
trunking, 94

U
UDP, 7, 53

V
velocitat de modulació, 115
VPN, 39

W
WAN, 2, 71
WDS, 100
WiFi, 74
WLAN, 94

X
xarxa telefònica, 39
xarxes privades virtuals, 39

Bibliografia

Llibres bàsics

[1] F. Halsall. *Data Communications, Computer Networks and Open Systems*. Addison–Wesley.

[2] J.F. Kurose and K.W. Ross. *Computer Networking, a Top-Down Approach Featuring the Internet*. Addison–Wesley.

[3] A. León-García and Indra Widjaja. *Communication Networks. Fundamental Concepts and key Architectures*. Mc Graw Hill.

[4] L.L. Peterson and B.S. Davie. *Computer Networks, a Systems Approach*. Morgan Kaufmann.

[5] John R. Pierce and A. Michael Noll. *Señales, La Ciencia de las Telecomunicaciones*. Reverté, 1995.

[6] W. Stallings. *Data and Computer Communications*. Prentice–Hall.

[7] A.S. Tanenbaum. *Computer Networks*. Prentice–Hall.

Llibres especialitzats

[8] D. Bertsekas and R. Gallager. *Data Networks*. Prentice-Hall, 1992.

[9] D. Comer. *Internetworking with TCP/IP Vol.1*. Pearson.

[10] Matthew S. Gast. *802.11 Wireless Networks: The Definitive Guide*. O'Reilly, 2002.

[11] W.R. Stevens. *TCP/IP Illustrated, Volume 1: The Protocols*. Addison–Wesley, 1994.

Estàndards

[12] ANSI/IEEE Std 802.2, 1998 Edition. Information technology – Telecommunications and information exchange between systems – Local and metropolitan area networks – Specific requirements. Part 2: Logical Link Control, 1998.
http://standards.ieee.org/getieee802

[13] ANSI/IEEE Std 802.11, 1999 Edition. Part 11: Wireless LAN Medium Access Control (MAC) and Physical Layer (PHY) Specifications, 1999.
http://standards.ieee.org/getieee802

[14] IEEE Std 802-2001. 802 IEEE Standard for Local and Metropolitan Area Networks: Overview and Architecture, 2002.
http://standards.ieee.org/getieee802

[15] IEEE Std 802.3-2002. Part 3: Carrier sense multiple access with collision detection (CSMA/CD) access method and physical layer specifications, 2002.
http://standards.ieee.org/getieee802

[16] IEEE 802.1Q, 2003 Edition, IEEE Standards for Local and metropolitan area networks – Virtual Bridged Local Area Networks, 2003.
http://standards.ieee.org/getieee802

[17] IEEE Std 802.1D, 2004 Edition, IEEE Standard for Local and metropolitan area networks – Media Access Control (MAC) Bridges, 2004.
http://standards.ieee.org/getieee802

RFCs

[18] J. Postel. RFC 768: User Datagram Protocol, August 1980.

[19] J. Postel. RFC 791: Internet Protocol, September 1981.

[20] J. Postel. RFC 792: Internet Control Message Protocol, September 1981.

[21] J. Postel. RFC 793: Transmission Control Protocol, September 1981.

[22] D. C. Plummer. RFC 826: Ethernet Address Resolution Protocol: Or converting network protocol addresses to 48.bit Ethernet address for transmission on Ethernet hardware, November 1982.

[23] J. Nagle. RFC 896: Congestion control in IP/TCP internetworks, January 1984.

[24] J. C. Mogul and J. Postel. RFC 950: Internet Standard Subnetting Procedure, August 1985.

[25] S. Carl-Mitchell and J. S. Quarterman. RFC 1027: Using ARP to Implement Transparent Subnet Gateways, October 1987.

[26] P. V. Mockapetris. RFC 1034: Domain names — concepts and facilities, November 1987.

[27] P. V. Mockapetris. RFC 1035: Domain names — implementation and specification, November 1987.

[28] J. Postel and J. K. Reynolds. RFC 1042: Standard for the transmission of IP datagrams over IEEE 802 networks, February 1988.

[29] D. D. Clark. RFC 1102: Policy routing in Internet protocols, May 1989.

[30] R. T. Braden. RFC 1122: Requirements for Internet hosts — communication layers, October 1989.

[31] J. Mogul and S. Deering. RFC 1191: Path MTU Discovery, November 1990.

[32] V. Jacobson, R. Braden, and D. Borman. RFC 1323: TCP Extensions for High Performance, May 1992.

[33] V. Fuller, T. Li, J. Yu, and K. Varadhan. RFC 1519: Classless Inter-Domain Routing (CIDR): an Address Assignment and Aggregation Strategy, September 1993.

[34] J. Postel. RFC 1591: Domain Name System Structure and Delegation, March 1994.

[35] K. Egevang and P. Francis. RFC 1631: The IP Network Address Translator (NAT), May 1994.

[36] J. Reynolds and J. Postel. RFC 1700: Assigned Numbers, October 1994.

[37] S. Hanks, T. Li, D. Farinacci, and P. Traina. RFC 1701: Generic Routing Encapsulation (GRE), October 1994.

[38] Y. Rekhter and T. Li. RFC 1771: A Border Gateway Protocol 4 (BGP-4), March 1995.

[39] Y. Rekhter and P. Gross. RFC 1772: Application of the Border Gateway Protocol in the Internet, March 1995.

[40] Y. Rekhter, B. Moskowitz, D. Karrenberg, G. J. de Groot, and E. Lear. RFC 1918: Address Allocation for Private Internets, February 1996.

[41] J. Hawkinson and T. Bates. RFC 1930: Guidelines for creation, selection, and registration of an Autonomous System (AS), March 1996.

[42] C. Perkins. RFC 2003: IP Encapsulation within IP, October 1996.

[43] M. Mathis, J. Mahdavi, S. Floyd, and A. Romanow. RFC 2018: TCP Selective Acknowledgment Options, October 1996.

[44] R. Droms. RFC 2131: Dynamic Host Configuration Protocol, March 1997.

[45] S. Alexander and R. Droms. RFC 2132: DHCP Options and BOOTP Vendor Extensions, March 1997.

[46] B. Fraser. RFC 2196: Site Security Handbook, September 1997.

[47] J. Moy. RFC 2328: OSPF Version 2, April 1998.

[48] S. Kent and R. Atkinson. RFC 2401: Security Architecture for the Internet Protocol, November 1998.

[49] G. Malkin. RFC 2453: RIP Version 2, November 1998.

[50] M. Allman, V. Paxson, and W. Stevens. RFC 2581: TCP Congestion Control, April 1999.

[51] K. Hamzeh, G. Pall, W. Verthein, J. Taarud, W. Little, and G. Zorn. RFC 2637: Point-to-Point Tunneling Protocol (PPTP), July 1999.

[52] P. Srisuresh and M. Holdrege. RFC 2663: IP Network Address Translator (NAT) Terminology and Considerations, August 1999.

[53] V. Paxson and M. Allman. RFC 2988: Computing TCP's Retransmission Timer, November 2000.

[54] P. Srisuresh and K. Egevang. RFC 3022: Traditional IP Network Address Translator (Traditional NAT), January 2001.

[55] D. Eastlake. RFC 3675: .sex Considered Dangerous, February 2004.

www.ingramcontent.com/pod-product-compliance
Lightning Source LLC
LaVergne TN
LVHW082127070326
832902LV00040B/2299

9 788483 019344